# 从"这一个"到"每一个"

## 一所普通小学创造性实施融合教育的探索与实践

*From "This One" to "Everyone"*
*Exploration and Practice of Innovatively Implementing Inclusive Education in an Ordinary Primary School*

高 轩 / 著

文汇出版社

# 序

## 融合教育：开启教育多元化新篇章

21世纪以来，我国有一些学者、研究机构及学校积极倡导和实践融合教育。融合教育作为一种极具前瞻性的教育模式，其核心在于打破传统教育的固有藩篱，将不同背景、不同能力、不同需求的学生有机地融合在同一教育环境中。它并非简单的学生混合，而是一场深刻的教育理念革新，旨在为每一位学生提供公平、包容且适宜的学习成长空间。

第一，融合教育经历了从特殊教育融入普通教育，再逐步拓展到更加广义的教育个性化的发展过程。逐步形成的这种教育模式，体现了对学生个体差异的深刻尊重与理解。它强调每个学生都是独一无二的个体，拥有独特的兴趣、才能和学习方式。因此，融合教育需要摒弃"一刀切"的教学方法，转而采用更加灵活、多元的教学策略，以满足学生多样化的学习需求。无论是学习速度的差异，还是学习风格的独特，抑或是特殊教育需求的挑战，融合教育都力求通过个性化的教学方案，让每位学生都能在自己的节奏中找到学习的乐趣和成长的动力。

融合教育强调教育的全面性和包容性。它不仅关注学生的学术成就，更重视其情感、社交、身体及道德等多方面的发展。在融合教育的课堂中，学生不仅能够学习到丰富的学科知识，还能在相互尊重、理解和支持的氛围中，学会如何与人交往、如何合作、如何面对挑战和困难。这样的教育环境，不仅有助于培养学生的自信心和归属感，更能激发他们的创新思维和解决问题的能力，为未来的社会生活奠定坚实的基础。

此外，融合教育还是一种促进社会融合的重要途径。通过将不同背景的学生融合在一起学习、生活，它有助于消除偏见和歧视，培养孩子们的包容心和多元文化意识。在这样的教育环境中成长起来的学生，更能够理解和尊重他人的差异，更愿意以开放的心态去接纳和融入多元社会，成为推动社会和谐发展的重要力量。综上所述，融合教育不仅是一种教育理念的创新，更是实现教育公平、促进学生全面发展和社会融合的有效途径。

第二，市西小学在融合教育领域的实践已经多年，已经成为教育创新的实例，其深远意义和独特价值正逐渐显现，也正为走向高质量发展的大都市基础教育带来新的思考与启示。

市西小学深度融合教育理念渗透于日常教学的每一个环节。学校精心构建了包容性极强的学习环境，确保每一位学生无论其背景、能力或需求如何，都能在此找到归属感与成长空间。通过实施不同程度的个性化学习计划，学校力求匹配每位学生的学习节奏与方式，较为明显地提升了学习效率与质量。同时，跨学科融合的教学策略，不仅开阔了学生的知识视野，更培养了他们的综合思维与创新能力。

市西小学还特别注重培养学生的社会交往能力与合作精神。通过组织丰富多彩的团队活动与项目学习，学生在互动中学习倾听、尊重与协作。这些宝贵的社交技能不仅助力他们在校园内建立和谐的人际关系，更为他们未来的社会生活奠定了坚实基础。此外，学校对有特殊教育需要学生的关注与支持，更是体现了融合教育的核心价值——不让任何一个孩子掉队，让每个学生都能在爱与关怀中茁壮成长。

从创新价值的角度审视，市西小学的融合教育实践打破了传统教育的局限，为教育公平与多元化发展开辟了新路径。学校敢于尝试、勇于创新的精神，不仅激发了学校内部的活力，其成功的实践经验，也为其他学校提供了可借鉴、可复制的模板，推动了融合教育理念在更广泛区域内的传播与应用。更重要的是，市西小学通过融合教育实践，培养了一批具备多元文化意识、创新精神与实践能力的新时代少年，这些少年将成为推动社会进步与和谐发展的重要力量。

综上所述，市西小学的融合教育实践不仅具有深远的实践意义，更在创新价值上展现出独特的魅力。它不仅是学校教育改革的一次成功尝试，更是对整个教育领域乃至社会的积极贡献。

第三，面对教育领域不断涌现的新挑战与机遇，市西小学需持续深化探索，不断优化实践策略，以推动融合教育向更高水平迈进。

首先，要持续提升教师的融合教育专业素养。不断增强教师对融合教育理念的理解与执行能力，特别是在个性化教学、差异化辅导及特殊教育需要支持等方面的专业技能。同时，鼓励教师跨学科合作，共同研发创新教学方法，以更好地满足学生多样化的学习需求。

其次，需要加大教育资源整合力度，构建更加完善的融合教育支持体系，积极寻求与社区、家长及专业机构的合作，共同打造资源共享平台，为学生提供更全面、更专业的支持服务。特别需要利用现代科技手段，如人工智能、大数据等，优化教学管理与评估机制，实现对学生学习过程的精准跟踪与个性化指导，提高教育效率与质量。

再次，需要注重培养学生的自主学习能力与终身学习意识。通过设计更具挑战性的学习任务与项目，激发学生的创新思维与问题解决能力，引导他们学会自我规划、自我监控与自我评价，为未来的持续发展奠定坚实基础。同时，加强学校与社会的联系，开展更多实践性、体验式学习活动，让学生在实践中学习，在体验中成长，更好地适应未来社会的需求。

最后，学校应持续关注融合教育的国际动态与前沿研究成果，积极借鉴国际先进经验，结合本校实际进行创新实践。同时，加强与其他国家或地区学校的交流与合作，共同探讨融合教育面临的共性问题与解决方案，推动融合教育的国际化发展。

我们相信在全校师生的共同努力下，市西小学定能在融合教育的道路上不断取得新的突破与成就。

2025年3月

（本文作者为上海市教育学会会长、教育部基础教育课程改革专家委员会副主任委员、第十届国家督学）

# 写在前面的话

## 融合教育，满足学生成长的多样化需求

教育，是人类传播知识、传递文明、传承历史的主要载体，也是推进社会进步、提升经济水平、提供人力支撑的重要途径，更是培育时代新人、提升人的素养、提高公民素质的必要方式。因此，不言而喻，教育在社会经济发展、百姓民生生活中占有突出的地位，具有不可替代的作用。

小学教育，是基础教育的重要部分，也是素质教育的主要阵地，更是终身教育的起始端。显然，小学教育对完成国家义务教育的任务，完成培育一代新人的使命，具有不可推卸的责任。

培养什么人，如何培养人，为谁培养人，始终是教育和学校教育要回应的必答题。办什么样的学校，通过什么方式实施教育，培养什么样的人，也始终是学校的必做功课。

尤其是当经济和科技迅猛发展到一个新的阶段，当社会转型和品质提升进入一个新的阶段，当百姓对教育的需求呈现一个质高量大的新阶段时，传统意义上的办学已经显露疲态，沿用墨守成规的俗套已很难满足学生成长的个性化需求，由此一个更发人深思的问题浮出水面，摆在办学者面前，即我们的办学目标如何更精准地定义，我们的办学效益如何更全面地深入到每一个学生身上，实现真正的因材施教？即使是一所再小的学校也要面对这个常态性的课题。

于是，一种既具有已有含义，又具有本来意义，且具有未来泛义的教育特殊类型或形成的一种教育跃入我们的眼帘，这就是融合教育。融合教育是让所有学生都在正常班级内接受所有适当的教育。融合教育的实施需要以悦纳多样

性的价值共识为基础，以构建包容通用的教学系统为核心，以创建合作参与的组织文化为动力。普通学校正是实施融合教育的主体。

学校不仅是学生学习的场所，更是他们生活、成长和实现自我价值的重要空间。教育的目标是让每个学生的生命得以绽放，学校应当成为学生的"精神家园"，帮助学生形成积极的情感态度、道德修养和社会责任感，使他们在学校获得精神上的归属感和获得感。学校教育的核心是促进学生的全面发展，包括知识、能力、情感和价值观的全面提升。教育应注重学生的内心世界和人格品质的培养，使学生未来能够自信地面对社会。学校教育是教育均衡发展的基本单元。教育均衡不仅仅是资源的均衡分配，更是学校内涵发展的均衡。融合教育恰恰是实现公平、优质教育的一条必由之路。

融合教育是指向全人发展背景下高品质的因材施教，关注学生个性化需求，它体现了自适应、个性化、差异性、无边界的特质。融合教育通过包容性设计与精准化干预的协同，突破传统分层教学的静态分类，构建多尺度响应系统，能有效促进学生的社会化情感发展，促进学生完整的人格发展。

美丽的教育往往有美妙的概括，可以说，融合教育就是有着美丽外延和美妙内涵的，如用比喻来表达的话，它就是教育的"璞玉"。融合教育，以轻柔的姿态，投向特别需要关怀的学生怀抱；以深邃的内涵，注入特别需要张力的办学主体，产生了极具生命力、亲和力、感召力的效应，正成为学校教育新的生长点和增长点。

教育面对日益发达的社会，不能不采用融合的方式，将使命与资源融为一体；办学面对不同的百姓需求，不能不采用融合的方式，将作为与希望融为一体；教师面对一个个鲜活的学生，不能不采用融合的办法，将温暖与个体融为一体。融合，犹如办学的溪水，犹如育人的甘泉；融合教育，正是一轮喷薄欲出的太阳，投射之处熠熠生辉。

上海市静安区市西小学作为一所普通小学，与融合教育结缘，是时代使命必然，也是教育使命使然，更是办学使命由然。

融合教育，让学校找到回归教育本原的地基。办学校就是办教育，办教育就是要践行教育理念，兑现教育本质。教育本原，是教育理念的发源地，也是

**写在前面的话** 融合教育,满足学生成长的多样化需求

教育本质的栖身地,归根结底就是通过办学实践,实现教育的要义,而教育的要义就是对每一个被教育者施以健康、完整、有效的教育,让这样的教育既符合人类教育的本质,也符合和满足受教育者发展的权利。而融合教育,就是融汇教育之精华、合拍民众之企盼。

融合教育,让学校找到焕发办学活力的新生机。融合教育,就像一台引擎,激发了学校深度办学、内涵办学、科学办学、优质办学的积极性、创造性。在融合教育面前,学校办学犹如找到了开掘丰富的教育宝藏的觅宝之镐,在新的视域展开了更有魅力的探索。办学活力在融合教育的催生下火花四射,映红了校园一片天。

融合教育,让学校找到科学精准育人的新途径。立德树人是根本任务,而要实现全面化、个性化、精确化,融合教育就是神奇之手。育人讲究科学,遵循规律;育人讲究精准,符合逻辑;融合教育就是科学教育的成功之手,也是精准教育的成就之臂。因为在融合教育的羽翼之下,所有学生都能拥入怀抱,获得关注,得到成长。

正因为此,上海市静安区市西小学将融合教育的理解探索、认知研究、有效实践作为办学的"一号工程",列为优先项目;作为育人的"完美工程",列为着力事项。通过近10年的持续发力,形成了一批具有引领性、操作性、启示性的成果。

本书以上海市静安区市西小学实施融合教育为基点,以融合教育进入普通小学为蓝本,试图从理论和实践两个层面对融合教育在小学阶段的认知、理解和实践做具有自身学校特点的阐述,力图具有独创性、新鲜感和启示意义。本书分为十章,分别从"萌发背景、价值判断、作用缕析、创意建构、管理转型、课程教学、师资匹配、资源配置、'校家社'协力、学生成长"这些方面,展开颇有建构力、信服力和说服力的叙述和议论,突出理论的独创价值和实践的成功价值。

本书突破了融合教育的认知空间,运用创造性思维,对融合教育在普通小学的落地生根做了园丁式的栽培;源于融合教育的本来内涵,运用增长性操作,对融合教育在普通小学的架构实践做了耕作式的梳理。如果说特殊教育在

特殊学校的实施、探索是一个常规课题,那么融合教育在普通学校的研究与实施还是一个相对崭新的课题,也许后者的实际意义和潜在意义远高于前者。因为,在全体学生的层面上实施融合教育,具有普遍性、普适性、普惠性的价值。所以,本书所描述和阐述的融合教育在普通小学落地的完整呈现,既是对融合教育发展的建树,更是对基础教育发展的见地。

应当说,融合教育在普通小学实施,不但是一种教育方式的选择,而且是一种教育思想的抉择。

从本书的阐述中,不难发现,融合教育在普通小学的发生、发展、发达的过程,其实是一次思想解放、观念更新、理念提升、方法完善的过程。

融合教育的确立,是一个教育思想解放的过程。融合教育从特殊教育领域向普通教育位移,从特殊学校向普通小学介入,这不仅需要见识,还需要勇气,更需要智慧。这种位移,更要求在思想层面上进行凝练和进阶;这种介入,更要求在办学架构上进行重组和迭代。显然,从市西小学的探索实践中可以发现,教育思想的反省、反思是融合教育能够真正走进普通小学的前提和条件,而这种反省的程度和反思的力度,则会影响到融合教育在学校实施的能见度、辨识度和有效度。因为对融合教育从接受到接纳,从被动到主动,从引导到自律,都需要教育思想的解放。教育思想越解放,融合教育越深入。

融合教育的实施,是一个教育行为优化的过程。融合教育在普通小学实施,思想主导似乎是看不见的,观念更新也是隐性的,但教育行为的产生则是实实在在的。具有融合教育的教育行为,必然会在教育、教学、课程等领域表现出一些基本的特征,至少是一种有意追求的行为。融合教育视域下的教育行为,比一般的教育行为更有先进性、针对性和有效性。融合教育的过程,就是教育行为优化的同步、同振、同频的过程。从市西小学的探索实践中,可以看到在融合教育中,教师教育行为的变化轨迹和优化实绩。

融合教育的成效,是一个教育理想绽放的过程。教育理想,一直是教育人的职业追求。做教育要有成就感,就是要将教育思想化为行为,将教育理念化为实践,从而为教育理想的实现提供途径。融合教育,面向整体办学,面对全体师生,蕴含对教育的情怀和使命抱负,极富教育的理想和浪漫。教育理想的绽放,其实是由多种因素决定的,选择一种正确而有生命力的教育,则是最为关键的,而融合教育既有教育本质的属性,又有人文情怀的底蕴,充满着对教育改变人、影响人、成就人的憧憬,是教育理想的版图。从市西小学的探索实践中,可以感受到这是一曲曲学校办学的理想进行曲和教师育人的理想欢畅曲。

融合教育积极回应每一个有特殊需求的孩子,它的内涵和神韵,足以让教育人感受到一种珍贵、珍惜和珍爱。市西小学作为上海市中心一所普通小学,它开展的融合教育实践和探索,无疑能给教育人带来多元思考。

也正因为如此,上海市静安区市西小学创造性实施融合教育的成效,获得了联合国儿童基金会代表、国际融合教育专家、教育部教师工作司领导、华东师大融合教育研究院以及上海市教委的一致好评;市西小学师生的教育教学活动12次登上中宣部的"学习强国"平台。

融合教育是一座城市文明发达程度的表征,彰显城市的温度,推动社会的包容与进步,相信会有更多的普通学校深度展开融合教育之旅,办好人民满意的教育!

# 目录

序　融合教育：开启教育多元化新篇章····················尹后庆 001
写在前面的话　融合教育，满足学生成长的多样化需求············001

**引子**····························································001

**第一章　萌发背景：融合教育为何出现在市西小学**············007
　一、与学校、学生实际相符································009
　　（一）学校历史与现状····································009
　　（二）生源情形与需求····································012
　二、与学校办学目标、理念相合····························013
　　（一）彩虹学校的办学目标································013
　　（二）彩虹学校的办学理念································015
　　（三）彩虹学校的育人思路································016
　三、与学校办学行动、管理相应····························017
　　（一）突出党建领航，践行核心价值························017
　　（二）依托顶层设计，实施目标管理························017
　　（三）坚持依法治校，推动民主管理························018
　　（四）强化安全管理，建设安全校园························018
　　（五）升级校园环境，彰显文化内涵························018
　四、与街道社区、百姓期望相协····························019
　　（一）社区资源丰富成长环境······························019

（二）百姓期盼凝聚教育共识 ················································· 021

**第二章　价值判断：融合教育在普通小学实施的意义探寻** ················ 023
　一、融合教育是现代教育体系的重要标志 ································· 025
　　（一）现代教育体系涉及全体人的教育 ································· 025
　　（二）现代教育体系关注提供充分教育 ································· 027
　　（三）现代教育体系强化建立终身教育 ································· 028
　二、融合教育是区域优质教育的关键部分 ································· 030
　　（一）融合教育体现区域教育的时代性 ································· 030
　　（二）融合教育显示区域教育的优质度 ································· 031
　　（三）融合教育反映区域教育的品质化 ································· 034
　三、融合教育是现代品质小学的彰显部分 ································· 035
　　（一）融合，是现代品质小学的秉性 ··································· 035
　　（二）融合，是现代品质小学的张力 ··································· 036

**第三章　作用缕析：融合教育在普通小学产能的教育溯源** ················ 039
　一、融合教育是教育普惠实现化的必然 ··································· 041
　　（一）教育机会过程和结果的公平 ····································· 041
　　（二）教育质量均衡和优质的实现 ····································· 042
　二、融合教育是因材施教进行式的当然 ··································· 044
　　（一）从融合教育中找到因材施教的契机 ······························· 044
　　（二）从融合教育中破解因材施教的难题 ······························· 045
　三、融合教育是学生成长最大化的使然 ··································· 046
　　（一）融合教育的个性化为学生成长最大化"张目" ······················ 046
　　（二）融合教育的开放性为学生成长最大化"赋能" ······················ 047

**第四章　创意建构：融合教育在普通小学成就的校本表达** ················ 049
　一、融合教育的由来 ··················································· 051

（一）融合教育的起源 …………………………………………… 051
　　（二）融合教育的原义 …………………………………………… 054
二、融合教育的视角 …………………………………………………… 056
　　（一）"特殊"辅佐，"普通"回归 ……………………………… 056
　　（二）"专指"点状，"泛指"全面 ……………………………… 056
　　（三）"学科教师"出师，"懂行教师"出彩 …………………… 057
三、融合教育的市西表达 ……………………………………………… 058
　　（一）融合教育，是有力度的教育 ……………………………… 058
　　（二）融合教育，是有温度的教育 ……………………………… 059
　　（三）融合教育，是有信度的教育 ……………………………… 060

**第五章　管理转型：融合教育推动发展的治校发问** ……………… 061
一、融入办学"一盘棋" ……………………………………………… 063
　　（一）融合教育从"点"到"面" ……………………………… 063
　　（二）融合办学从"形"到"神" ……………………………… 065
二、融洽环境"友好型" ……………………………………………… 067
　　（一）环境布置融情景 …………………………………………… 067
　　（二）人际环境融人文 …………………………………………… 071
三、融汇制度"保障阀" ……………………………………………… 073
　　（一）制度化为融合教育铺轨 …………………………………… 073
　　（二）制度型为融合教育保驾 …………………………………… 075
四、融建活动"设计圈" ……………………………………………… 076
　　（一）构建多元化教学环境 ……………………………………… 076
　　（二）采用多样化教学策略 ……………………………………… 076
　　（三）提供个性化学习支持 ……………………………………… 077

**第六章　课程教学：融合教育生态发展的根基活力** ……………… 079
一、融合教育视域下的课程设置 ……………………………………… 081

（一）深化学校课程的结构性变革 ························· 081
　　（二）强化国家课程的高质量实施 ························· 083
　　（三）优化校本课程的创新性实践 ························· 085
　　（四）细化学校课程的多维度评价 ························· 087
二、融合教育理念下的教学管理 ····························· 089
　　（一）教学管理有保障 ································· 089
　　（二）校本研修有实效 ································· 091
　　（三）在线教学有品质 ································· 092
三、融合课堂的支持策略 ··································· 096
　　（一）个性化定制课程，伴随不同阶段成长 ··············· 097
　　（二）小组合作策略，构建互助学习环境 ················· 097
　　（三）多感官教学法，全面提升学习体验 ················· 098
　　（四）蒙氏教学法，让数学课堂生动有趣 ················· 098
　　（五）个性化预约，一对一精准解惑 ····················· 099
四、融合学校课程的品牌特色 ······························· 100
　　（一）项目化学习，彰显融合价值 ······················· 100
　　（二）整本书阅读，实践融合理念 ······················· 108
　　（三）传统文化课程，给予融合力量 ····················· 113

**第七章　师资匹配：融合教育良性发展的学术追问** ············· 117
一、融合教育呼唤怎样的师资 ······························· 119
　　（一）融合学校的主心骨 ······························· 119
　　（二）融合学校的主力军 ······························· 124
二、融合教育的师资建设之路 ······························· 127
　　（一）调研教师融合教育素养现状 ······················· 127
　　（二）提升教师融合教育素养行动 ······················· 129
三、融合教育的师资成就之方 ······························· 132
　　（一）学习力与融合教师 ······························· 133

（二）融合教育的"四P"研修 ……………………………………… 137

# 第八章 资源配置：融合教育特色发展的保障清单 …………… 143

## 一、资源教室 …………………………………………………………… 145
（一）资源教室的显著特性 …………………………………………… 145
（二）资源教室的建设历程 …………………………………………… 147

## 二、资源教师 …………………………………………………………… 157
（一）资源教师的身份 ………………………………………………… 157
（二）资源教师的作为 ………………………………………………… 158

## 三、资源利用 …………………………………………………………… 161
（一）开辟渠道 ………………………………………………………… 161
（二）权威引领 ………………………………………………………… 161
（三）医教结合 ………………………………………………………… 162
（四）高效借力 ………………………………………………………… 162

# 第九章 "校家社"协力：融合教育广泛发展的培土浇灌 …… 163

## 一、建立"校家社"协同机制 ………………………………………… 165
（一）统筹规划，稳步推进 …………………………………………… 166
（二）健全组织，完善制度 …………………………………………… 166
（三）加强培训，优化师资 …………………………………………… 167

## 二、心怀"这一个"的通力合作 ……………………………………… 168
（一）建立有效沟通机制 ……………………………………………… 168
（二）制订个别化教育计划 …………………………………………… 170
（三）携手共创友好环境 ……………………………………………… 171

## 三、关注"每一个"的双向奔赴 ……………………………………… 172
（一）"333"实现和谐互动 …………………………………………… 172
（二）"222"提升共育品质 …………………………………………… 175
（三）"111"持续倾听需求 …………………………………………… 179

**第十章　学生成长：融合教育育人发展的枝繁叶茂**……………… 181
　一、与儿童合作的融合学校支持关系 ……………………… 183
　　（一）与儿童合作的意义 ……………………………… 183
　　（二）与儿童合作的要素 ……………………………… 184
　二、有儿童立场的融合学校文化力量 ………………………… 187
　　（一）架构儿童立场的德育框架 ……………………… 187
　　（二）设计儿童本位的融合活动 ……………………… 188
　　（三）建设儿童友好的能量场域 ……………………… 197
　三、由儿童反馈的融合学校育人成效 ………………………… 206
　　（一）对国家的认同感 ………………………………… 207
　　（二）对学校的归属感 ………………………………… 207
　　（三）对师生关系的评价 ……………………………… 208
　　（四）对同伴关系的评价 ……………………………… 209

**参考文献** …………………………………………………………… 211

# 引 子

# 引 子

在上海市中心的钻石地段上，静安寺闻名遐迩，在与此相邻的万航渡路上，一所似可称为"袖珍式"的小学特别显眼，临街的橱窗四周嵌满了立体绿植，窗里是学生读书的身影，窗外是流动的街景，引得行人常驻足打卡。她就是诞生于2001年的上海市静安区市西小学。

市西小学，是一所公办的普通小学，执行的是国家规定的教育、课程、教学计划，并按政府规定的招收政策，采取户籍地段对口小学就近入学的招生方法。

显然，这是一所不挑生源，满足不同学生入学需求，提供优质均衡的义务教育的普通小学。

可普通并不意味着平庸。学校对融合教育的接受较早，融合教育工作的起步可以追溯到2010年。当时，正值小班化教学改革浪潮。班额人数虽在变小，但学生的个性和特点却多元，生源更是来自五湖四海，除了本区学生和外省市学生外，还有来自国外的学生，他们的语言程度和家庭背景各异，如一年级的日本学生，只会讲两三句中文；来自保加利亚的男孩，需要教师协调家庭关系；四年级的澳大利亚龙凤胎写的作文全是倒装句；来自我国台湾地区的资优生不熟悉简体中文……面对这样的生源，采用融合教育便是最好的选择。

与融合教育发展紧密关联的随班就读，在市西小学的实践始于2011年。学校开始尝试对有特殊教育需要的学生开展个别化干预。当时主要针对注意力、感觉统合等方面需要提高的学生开展"个别化教育"，聚焦的是部分学生的"短板"，采取较直接的干预个训。

2011年，学校位于镇宁路的弄堂里，在学校规划之初也并没有为资源教室预留位置。只能因地制宜，在一间空教室中对这些学生进行个别化教育。那时的资源教室更像感觉统合教室，教室里的设备也都是从同区的特殊学校——南阳学校借来的。

2015年初，"静安区特殊教育资源中心"正式在市西小学挂牌成立，资源中心服务于辖区小学阶段有特殊教育需要的学生，服务内容包括随班就读学生巡回指导、个案评估、家庭咨询和教育干预等，同时也与本区特殊学校开展融合互动。

从2001年建校以来，先后有8名随班就读学生在学校就读，人数不多，但启动了融合教育的实施。应该说，有特殊教育需要的学生历年都有，甚至可以说每一个学生都有特殊需求，于是，融合教育就这样在市西小学开启了教育的另一扇"门"。

显然，融合教育为市西小学的整体办学和精准个性化育人打开了新天地。

一方面，学校不断提升"随班就读"的水平和质量，对一些特殊需求学生，通过设施支撑、措施发力、环境配置、师资配备等组合方式，开展个性化教育，体现普通小学融合教育的程度、效度和亮度。

另一方面，以融合教育的理念普惠更多的学生，将办学放到一个更开阔的视野，将育人放到更精准的关键，予以了新思想、新架构、新路径的新高地建设。

如今，融合教育在市西小学，成为优质办学的一面鲜艳旗帜，成为育人特色的一个显著标志。融合教育在市西小学的实施，已呈现出全方位、全覆盖、全过程的格局，已从"特殊领域"走向"普通领域"，从"针对个体"走向"针对个性"，从"教育类型"走向"教育形态"，从"小众受惠"走向"全体惠泽"，为实现义务教育的公平、公正、均衡、优质提供了行动方略和实践路径。

融合教育在市西小学的生态，可概括为：

——尊重与支持：融合教育引导学生站到学校中央，以专业培养的方法，满足每一个生命不同的发展需求，而不是以削足适履的方式，实现教育面向每一个学生的初衷。

——关爱与滋养：全体师生在长期融合教育实践中积淀的、共同遵循的平等、有爱、共融的价值观、精神风尚、行为准则，为融合教育内涵式发展提供了思想保障。

——支持与赋能：从融合教育工作小组到全员参与，赋能每名教师更好地回应了儿童发展的多样化需求。

市西小学的融合教育实践获得了社会的广泛认可。

高校教授这样评价——

华东师范大学融合教育研究院名誉院长汪海萍于2023年11月在市西小学实地调研时说:"在这所小而美的学校,角角落落都能看到学生的影子,这是为每个孩子的成长打造的学校。"

华东师范大学融合教育研究院院长邓猛于2024年11月1日在全国融合教育千校联盟成立大会暨学术研讨会之融合教育推进深度调研咨询会上特别说道:"我们应该走进静安,走进市西小学,一起看看融合教育助力普通教育发展的新样态。"

教育部门的领导这样评价——

国家教育部教师工作司教师发展处一级调研员鹿旭忠于2023年12月8日在市西小学实地调研时指出:"以教师的融合教育专业素养和技能照亮每一个孩子,是市西小学正在做的,也是每个学校应该做的。"

上海市教委副主任杨振峰在教育部-联合国儿童基金会"中国融合教育推进:教师专业能力提升项目"2023年度工作总结会上说:"融合教育已经在市西小学结出了可喜的硕果。"

国际教育专家这样评价——

联合国儿童基金会驻华办事处副代表毕曼达于2023年12月6日在市西小学实地调研时称赞:"我的孩子小时候如果能够遇到这里的老师,那真是太美妙了!"

澳大利亚莫纳什大学教育学院副院长Umesh教授于2024年6月在开展教育部-联合国儿童基金会"中国融合教育推进:教师专业能力提升项目"培训时,着重介绍了他亲眼所见的市西小学的融合教育文化。他说:"当你走进这所学校时,你会感受到一种非常温暖和包容的氛围。学校的文化展示了多样性和包容性,非常有力量。"

2024年4月,学校参与了由华东师范大学牵头组织的全国普通教师融合教育微技能课程建设,负责"多主体合作"模块中"与儿童合作"领域4课时微技能课程方案撰写和课程录制。经过精心打磨，已形成4课时共180分钟的课程。课程大纲顺利通过专家组论证认定，被融合教育资深专家汪海萍教授称赞为"最理想地与儿童合作的实践与总结"，充分体现了"尊重每个独特的生命，让每个独特生命都有发展机会"的办学理念。

2024年，学校作为上海市静安区融合教育标杆校，成为静安区新提任校长班融合教育培训基地，在全校师生的努力下，也成为上海市融合教育创新实践校和上海市文明校园。

市西小学创造性实施融合教育的实践与探索已经在区级、市级乃至全国产生了一定的影响力。"第一教育"公众号发表了对学校融合教育工作的报道《在这所小而美的学校，角角落落都能看到学生的影子》，《上海教育》头条案例刊登了《市西小学：架一座"彩虹"连接你我》，学校的教育教学活动12次登上中宣部的"学习强国"平台。

当然，更重要的是，学校融合教育实践成效得到家长的高度认可。2023年5月，学校收到了静安区人民政府督导室对学校综合督导的评估报告，其中家长问卷显示，对"整体办学水平""校风、学风认可"的满意度达到100%；学生问卷中，对"学校听取学生意见建议""快乐活动日"等6项满意度为100%。

这些认可不仅是对市西小学融合教育成果的肯定，更是家校携手、共同托举每一个孩子成长的见证。

第一章

# 萌发背景：
# 融合教育为何出现在市西小学

第一章 萌发背景：融合教育为何出现在市西小学

《中国教育现代化2035》提出，推进教育现代化，要"全面推进融合教育"，"更加注重面向人人，更加注重融合发展"。在我国已经实现了义务教育全面普及，学前教育普及、普惠水平不断提升的背景下，"确保每一个儿童享有公平优质教育"成为中国教育现代化进程的必然使命。

融合教育，是将身心障碍儿童和普通儿童放在同一间教室一起学习的方式，它强调为身心障碍儿童提供正常化的教育环境，而非隔离的环境，在普通班中提供所有的特殊教育和相关服务措施，使特殊教育及普通教育合并为一个系统。

为每一位儿童，包括有特殊教育需要的儿童提供优质教育，是普通教育的基本责任。普通学校应该认识到特殊教育需要关注儿童的多样性和差异性特点；应该提供足够灵活的课程和教学资源，保证他们充分参与学习过程，取得最佳的学习成果；还要建设富有弹性和包容度的学校管理体制，创造儿童友好的学校环境。

融合教育在市西小学的推进，有着与校情、教情和学情相关的内在联系。

## （一）与学校、学生实际相符

学校的"校情"和学生的"学情"，正是融合教育在市西小学走俏的"行情"。

市西小学的地理位置、教育情怀、生源结构，无疑成为融合教育生根发芽的极为肥沃的"土壤"。

学校历史与现状，为融合教育的引入和滋长提供了天然的条件。

### （一）学校历史与现状

学校的产生和发展，为融合教育的实施奠定了基础。

1. 学校历史

市西小学地处繁华的静安寺街道。静安区是上海居住品质和生活品质的"双高"区。

2001年7月26日,静安区教育局根据区的控详规划,对全区中小学进行布局调整,将原常熟路小学和华山路第二小学合并,定名为"上海市静安区市西小学"。学校在常熟路小学与华二小学原址过渡一年后,迁址至愚园路532弄54号。2003年7月29日,原上海市静安区北京西路小学并入。这三所小学成为市西小学的前身。2012年8月,市西小学迁址至万航渡路154号。

学校占地面积4421平方米,建筑面积7011平方米,现有20个教学班。2020年,在静安区教育局的大力支持下,学校进行了升级改造,教学设施更加完备,除常规教室外,还有艺术工坊、健康生活馆、星空间艺术展馆、室内体育场欣运馆、新食尚健康厨房、心悦坊心理室、"爱+"融合教育资源中心、攀岩室、图书馆、电脑房、音乐室、科常室、森林剧场等专用教室和场馆。

学校先进的设施和深厚的文化底蕴,为融合教育扎根校园创设了基础条件和发展前景。

2. 学校特色

历经20余年的发展与积淀,市西小学坚持"尊重每个生命的独特性,让每个独特生命都有发展机会"的办学理念,坚持以学生发展为本,坚持五育并举,全面丰富学生的学习经历,以文化引领内涵发展,营造良好的育人生态,营造高度协同、赋能于人的精神文化,以"快乐、自信、和谐、友善"为校风,以"敬业、爱生、务实、进取"为教风,以"乐学、善思、合群、力行"为学风,以"做有梦的读书人,做有趣的创意师,做有爱的志愿者"为育人目标,培育具有可持续发展力的学生群体。

学校已在阅读、体育、艺术教育中凸显办学优势,具有良好的社会声誉。

学校围绕育人目标全面建设"Over the RAINBOW 跨越彩虹课程",满足学生不同的学习需求,教师跨域合作,学生开阔视野,改变学习方式,丰富学习经历,鼓励学生绽放多彩光芒。

——关注运动素养培育:学校是上海市篮球特色校、静安区校园足球联盟校，获得上海市五子棋锦标赛女子U8组团体冠军、男子U10组团体冠军、上海市"千校万班"篮球小达人总决赛二等奖、静安区学生阳光体育大联赛广播体操竞赛团体（小学组）一等奖……一连串荣誉的背后是学校多彩的运动项目带给学生的运动习惯和无限乐趣。

——根植健康生活理念：学校指导学生解决生活中的实际问题，期待学生未来有更多幸福生活的智慧，是学校"健康生活"系列课程的出发点。2020年，学校与全球儿童安全组织中国区项目团队合作，开发了"健康厨房"食育课程，从营养学角度出发，让学生充分了解健康与食物的关系，学习根据合理的膳食结构进行一日三餐的搭配；专职心理教师开设了"乐乐工坊"，指导学生学习管理情绪，同时为每个有需求的学生提供帮助。

——鼓励科技创新实践：学校近年来开发了一系列科创课程：仿生机器人、彩虹雨研究院、校园植物探秘……引导学生亲历科学探究过程，动手动脑，做有趣的创意师。

——注重审美艺术培养：作为上海市首批国际艺术节艺术教育联盟校、上海市首批示范性学校少年宫，学校丰富的艺术课程让学生在精神面貌形成的过程中，获得了生命的滋养；美的旋律、美的色彩、美的感受启发了学生与生俱来的创造力。

——践行公益实践活动：校内与低年级伙伴结对的小小辅导员，校外每周一次的养老院服务，牵手特殊学校小伙伴的反向融合活动，承担蔡元培故居的小讲解员任务，让学生在公益实践中逐步培养起一种责任担当意识。

——优化课后服务品质：学校减轻学生学习负担，缓解家长后顾之忧。1小时学习时刻，学生完成当天作业，教师现场为学生答疑解惑；1小时自主时刻，近30个社团供学生选择，学到新本领，开阔新视野，找到新朋友。1小时温馨时刻，游戏、阅读、劳动活动安排合理，直至家长来接孩子。

近年来，学校获评上海市文明校园、上海市融合教育创新实践校、上海市绿色学校、上海市依法治校标准校、上海市安全文明校、上海市平安示范校、上海市中小学心理健康教育达标校、首批"上海市示范性学校少年宫"、上海市篮球特色校、上海市国际艺术节艺术教育首批联盟校、上海市书香校园、上海市"摆渡船"阅读港湾学校、静安区行为规范示范校、静安区校园足球联盟校、静安区父子阅读联盟校、静安区家庭教育示范校、静安区融合教育标杆校,成为华东师大教学实践基地,加入华东师大融合教育千校联盟和中小学数字化转型千校联盟,目前正在积极创建上海市儿童友好学校。

学校的办学特色,为融合教育的展开和深化奠定了良好的基础与优势。

### (二)生源情形与需求

生源是学校办学的基础条件,也是教育发生的对象。招生政策决定了招收方法。生源需求,形成了教育任务。

#### 1. 生源简介

市西小学,地处寸土寸金的静安寺街道,占地面积不足7亩,学生600多名。根据现有的招生政策,学校采用户籍地段对口学校入学的办法,这里除了上海本地生源外,还有外省市学生,有城镇户籍的,多为在南京路商圈工作的白领子女;有农民工随迁子女,到入学年龄后随打工的父母进入上海就读;有港澳台同胞、华侨和外籍(美国、日本、保加利亚、意大利等)人士子女,跟随到上海定居或工作的父母来到静安;学校共有9个民族的学生(汉族、回族、土家族、朝鲜族、壮族、蒙古族、维吾尔族、畲族、满族)。可以说,市西小学本身就是一所多元文化融合的学校(见表1-1)。

表1-1  2021—2024学年上海市静安区市西小学生源结构统计表

| 统计时间 | 学生总数 | 男女生人数及比例 | | 本市户籍及比例 | | 非本市户籍及比例 | | |
|---|---|---|---|---|---|---|---|---|
| | | 男 | 女 | 本区 | 外区 | 城镇 | 农业 | 港澳台地区、华侨、外籍 |
| 2021年9月 | 619 | 318 | 301 | 474 | 29 | 72 | 29 | 15 |
| | | 51% | 49% | 77% | 5% | 11% | 5% | 2% |
| 2022年9月 | 604 | 307 | 297 | 456 | 37 | 98 | 0 | 13 |
| | | 51% | 49% | 76% | 6% | 16% | 0% | 2% |

续 表

| 统计时间 | 学生总数 | 男女生人数及比例 | | 本市户籍及比例 | | 非本市户籍及比例 | | |
|---|---|---|---|---|---|---|---|---|
| | | 男 | 女 | 本区 | 外区 | 城镇 | 农业 | 港澳台地区、华侨、外籍 |
| 2023年9月 | 631 | 328 | 303 | 490 | 40 | 94 | 0 | 7 |
| | | 52% | 48% | 78% | 6% | 15% | 0% | 1% |
| 2024年9月 | 643 | 330 | 313 | 468 | 54 | 114 | 1 | 6 |
| | | 51% | 49% | 73% | 8% | 18% | 0.1% | 0.9% |

2. 学生需求

来到学校学习希望得到全面成长，这是学生自身发展的需要，也是家长的期望。进入市西小学的学生，具有与大多数小学生相同的愿望：得到良好的学习条件和环境，遇到亲切而有智慧的教师，获得优秀的学业成绩；获得同伴情同手足的友谊；取得进步时有人赞赏，遇到困难时有人相助，出现烦恼时有人解忧；对上学有盼望感，对学习有渴望感，对活动有参与感。

当然，每一个学生还会具有个性化成长的需求，他们希望更多地获得多元化发展的空间和包容接纳的人际关系。

生源情形与成长需求，为融合教育的蓬勃发展提供了驱动力。

## （二）与学校办学目标、理念相合

一种教育的产生及落地，有着思想相合、理念相近、意识相融的匹配。融合教育之所以在市西小学得到最大限度的展开，与学校办学顶层设计有着千丝万缕的关联。融合教育的价值观与"彩虹学校"的办学目标、办学理念异曲同工。

### （一）彩虹学校的办学目标

办学目标，是学校办学思想的集中体现，也是办学理念和设计的来源。

市西小学的办学目标,是融合教育创造性实践的源头活水。

办一所惠及每个孩子的彩虹学校,是市西小学的办学愿景,即办学目标。

彩虹,是气象中的一种光学现象。当太阳光照射到半空中的水滴,光线被折射及反射,在天空上形成拱形的七彩光谱:赤、橙、黄、绿、青、蓝、紫。彩虹的七色可以依偎在一起,成就美丽的虹,但这并不影响七色各具特色地独立存在:红色的热烈,橙色的温暖,黄色的鲜明,绿色的蓬勃,青色的脱俗,蓝色的深邃,紫色的瑰丽。

彩虹,是大自然在天幕上挥洒的一道绚丽景致。它像一座横跨天际的桥梁,又像将雨后的清新与阳光的温暖编织成的七彩绸缎,仿佛天空在低语,诉说着雨滴与阳光相遇的瞬间奇迹。

选择彩虹作为学校的象征标志,是有其丰富的内涵的:

1. 希望与美好——彩虹是风雨过后大自然的温柔馈赠,成长是挫折之后坚韧前行的美好收获;

2. 多元与包容——彩虹的美丽在于它的多彩,学校的美丽在于它包容孩子们的多元;

3. 梦想与未来——彩虹是梦想的羽翼,轻盈地掠过天际,仿佛告诉人们:梦想并非遥不可及,只要心中有光,便可跨越风雨;胸中有梦的人也会不懈追寻,拥抱未来多彩人生。

办一所惠及每个学生的彩虹学校,是市西小学的办学目标,也是教师的教育追求。学校教职工通过理论学习、教育论坛、实践探索、家校协同,进一步阐释了办学愿景的内涵:学校的美丽在于包容学生们的多元,尊重学生的个性,努力寻找每个学生的专属色彩,帮助他们绽放独特光芒;彩虹教育就是一座桥,一头担起家庭的希望,一头连接着国家立德树人的使命;彩虹教育也架起了学生认识世界、拥抱梦想的桥梁。

从教育哲学的角度着眼,"彩虹教育"是独具特色的个性教育;"彩虹教育"是丰富多彩的素质教育;"彩虹教育"是与时俱进的现代教育;"彩虹教育"是多元融合的生态教育。

彩虹教育的儿童观就是,每一个生命都有自己的色彩。

也因此，学校形成了这样的教育信条：

我们坚信，
教育是生命的对话；
我们坚信，
我们与世界只差一个你；
我们坚信，
每一个生命都有自己的色彩；
我们坚信，
有梦、有趣、有爱的人在一起的地方叫学校；
我们坚信，
给予每一个生命发展的机会是教育最美的姿态；
我们坚信，
把每一个孩子高高举起是学校教育的神圣使命。

### （二）彩虹学校的办学理念

基于办学目标，学校郑重提出并坚持践行的办学理念是：尊重每个生命的独特性，让每个学生都拥有发展的机会。

学校的办学理念，充分体现教育的本质，反映教育的原理。尊重每个生命的独特性，就是把人作为教育的原点，并把人的独特性作为教育的基点，尊重每一个人，包括想法、个性、习惯等。在尊重每个生命的独特性中，实现教育与个体需求的无缝对接；让每个学生都拥有发展的机会，强调学校提供平等、平行、平和的发展条件，实现机会平等、过程平等、结果平等。

一所学校的办学理念一定要鲜明地亮出来，体现教育主动，这是一种社会承诺，一种文化自信和办学自信，办学理念、育人目标不能只是口号，而是要通过学校的课程建设、文化环境、管理格局让所有的教师看到、认同、接纳，从心底里生长出来，弥漫在校园的空气里，看得见摸得着。

而不断衍变的教育发展趋势，触动学校管理团队一直在思考理想中的彩虹学校应该有的模样,也希望找到一条实现办学目标、践行办学理念的最优途径。很幸运,在静安区教育局和华东师范大学融合教育研究院的引领下,学校遇见了融合教育。

实践之初,学校管理团队反复阅读1989年的联合国儿童权利公约,学习联合国教科文组织1994年的《萨拉曼卡宣言》和2015年的《教育2030行动框架》,又组织全体教师认真学习2019年颁布的中共中央、国务院《关于深化教育教学改革全面提高义务教育质量的意见》。通过学习,大家发现两千多年前先哲圣贤提出的"因材施教""有教无类"、当代的"随班就读"的成功经验、国家对未来教育的前瞻谋划中都饱含着"融合教育"的思想。对平等的追求、对参与的强调、对支持的呼吁以及对合作的要求构成了当代融合教育发展中的基本价值观,"每个学习者都至关重要,且同等重要"这个核心理念也深深地打动了全体教师,这与学校的办学理念、目标愿景不谋而合。同时大家也欣喜地发现,融合教育是一条通向公平、优质教育的必由之路。

可以说,市西小学的办学理念与融合教育的价值观一脉相承。

### (三)彩虹学校的育人思路

在办学理念的引领下,学校将育人目标确定为:做有梦的读书人,做有趣的创意师,做有爱的志愿者。

有爱——爱家国,友爱互助,自觉担当;

有梦——有追求,乐学善思,实践创新;

有趣——拓视野,兴趣广泛,健康向上。

学校在课程设置、育人活动、多元评价等诸多方面,引导学生开阔视野,丰富学习经历,对学习充满兴趣且有方法,对世界充满好奇且乐于探索,对公益充满热心并乐于付出。

学校将育人目标,融入办学全程。

学校育人思路与融合教育的指向完全一致。

## (三) 与学校办学行动、管理相应

学校顶层设计作为指导办学的重要工具，有助于学校明确方向、整合资源、优化结构，需要进行系统谋划，以确保学校内部各领域工作的协调性和一致性，提高办学品质。

办学理念是学校发展的灵魂和动力源泉，它决定了办学目标和育人目标的制定；办学目标是学校发展的方向，体现了理念的落实；育人目标是学校教育的核心任务，它直接关联到办学目标的实现和理念的贯彻。

学校围绕"办一所惠及每个孩子的彩虹学校"的办学目标进行了一系列提升办学品质的行动。

### （一）突出党建领航，践行核心价值

学校党支部坚持以习近平新时代中国特色社会主义思想为指导，切实加强党建工作责任制、党风廉政建设责任制和意识形态建设责任制，践行社会主义核心价值观，为办人民满意的教育提供坚强的组织保障和人才支撑。领导班子注重自身建设，每年开展述职述廉，定期开展中心组学习，签订《行政干部廉洁自律承诺书》，行政团队善于学习，团结协作，执行力强，年度测评教职工满意率高。

### （二）依托顶层设计，实施目标管理

顶层设计确立总体目标，育人目标具有核心地位，部门目标是规划在各个部门的细化，阶段目标通过学期计划、每月计划、一周安排逐步分解、操作与落实，并建立与目标实施相匹配的自我监控、自我评价机制。推进高效"PDCA"工作模式：PLAN（计划）—DO（实施）—CHECK（验证）—ACTION（调整），形成闭环管理。

学校规划目标的达成度高，师资队伍建设和教科研方面取得了较为显著的成果，涌现出一批优秀教师，有了一批科研课题和品牌项目。

### （三）坚持依法治校，推动民主管理

学校通过完善目标管理、实施发展规划，全面提高运行效率。坚持民主管理常态化，将校务公开、民主决策、教代会、各项考核评优等日常管理工作标准明晰化、程序规范化、过程透明化。形成人性化、制度化和精细化相结合的管理体系。逐步完善激励机制、约束机制和保障机制，建立相应的考核制度，发挥岗位设置、绩效工资的激励作用。加强教代会建设，共同商议决策学校改革发展中的重大问题，使教代会成为教职工积极参与民主管理的重要保障。近年来，教代会讨论修改了多项学校改革发展的内部管理制度，切实维护了教职工权益。学校创新后勤管理模式，借助校园信息管理平台、微信工作群打造高效团队，做到无事巡查、有事必应、处事迅速。

### （四）强化安全管理，建设安全校园

以建设"安全文明校园"为目标，学校建立并逐步完善安全防范管理体系，严格落实安全管理制度和应急机制。按"市西小学安全文明校园岗位职责"的规定，坚决实行"一岗双职"制，做到安全工作层层有人负责、处处有人把关，同时与交管、消防、警署等社会资源形成安全工作齐抓共管的氛围。每学年定期开展开学"安全教育周"活动、全国中小学生安全教育日活动、防灾减灾教育活动、全民国防教育日活动、消防教育周活动、交通安全周活动、安全疏散演练，强化全体师生的安全意识和责任意识。学校连续获评"上海市平安示范单位""上海市安全文明校园"称号。

### （五）升级校园环境，彰显文化内涵

在静安区教育局的大力支持下，学校进行了升级改造，校园面貌焕然一新，阅读、运动、艺术场馆的设计与课程建设相得益彰，办学条件得到很大改善，师生校园生活品质显著提高。教室和办公室都安装了空调、配备了空气净化器，教学楼屋顶安装了节能光伏设备。区绿化局为学校打造了墙面垂直绿化和屋顶花园，校园里绿意葱茏，2020年获得"上海市绿色校园"称号。学校

也对校园文化氛围进行了精心营造，力求彰显学校文化特色和中华优秀传统文化的育人价值。工会、学生发展部号召全体师生为学校楼宇场馆命名，最终选中校史上的"正志"小学的"志"字为核心的一组意蕴丰富的名字，兼以卡通形象"小小西"装饰了校园楼宇，设计了校园文化墙，学生为校园实景、场馆绘制了校园明信片、做了导览手册并配有二维码语音导览。美丽的校园成为师生幸福成长的乐园。

学校管理引领内涵发展，激发了办学活力，创生了新的机制以保障办学理念的落地生根，规划指标的有效达成，为融合教育的落地生根创设了发展空间。

## （四）与街道社区、百姓期望相协

学校教育与社区、家庭之间的关系是十分密切的。融合教育的实施，既是社区对教育的期盼，也是百姓对教育的向往。

融合教育在学校找到了"知音"，在社区找到了"同盟"，在家庭找到了"伙伴"。

### （一）社区资源丰富成长环境

社区是学校教育的重要延伸和补充，为学校教育提供资源和支持，为学生创造更丰富的学习机会和成长环境。社区与学校的合作，可以构建一个更加开放、包容的教育生态系统，促进学生的全面发展。

1. 市西小学所在的静安寺街道

静安寺街道既有古老建筑，又有摩天大楼，历史与现代在这里完美交融，形成独特的城市景观。这里是上海中心城区的缩影，极具内涵与底蕴：

闻名天下——市西小学所处的静安寺街道，位于上海市中心，居于静安区西南部，东起富民路、常德路，西迄镇宁路，南至长乐路，北接万航渡路、新闸路。辖区面积1.57平方千米，多条地铁线路和主干道在此汇集，连接城市各个区域。这里以集高楼林立、交通便捷、人文荟萃于一体而闻名沪上。

底蕴深厚——域内文化资源丰富，千年古刹静安寺和"远东第一乐府"百乐门均坐落于此。蔡元培、张爱玲、周信芳等一大批文化名人曾在此居住，社区居民素有"知识分子多，知名人士多，侨胞侨眷多，文化层次高"的特点。

民生发达——区域社会事业发达，汇聚了华山医院、华东医院、上海展览中心、上海歌剧院、上海市文学艺术界联合会、上海戏剧学院、市西中学等一批知名文化、医疗、教育设施。

党建特色——街道是上海楼宇党建的发源地、始发站，2002年第一个楼宇党员服务站在静安高和大厦（原中华企业大厦）起步。

多元文化——这里拥有众多高端商业综合体，汇聚国际奢侈品牌、时尚潮流店铺，是上海著名的购物和消费中心。吸引了大量外籍人士和跨国公司入驻，国际化程度高，多元文化交融。

荣誉颇多——静安寺街道市容环境质量社会公众满意度测评连续28次蝉联全市第一，荣膺全国文明单位、全国民族团结进步示范街道、全国最美志愿服务社区、全国和谐社区建设示范街道、全国社区教育示范街道、全国文化先进社区、全国城市体育先进社区、全国侨务工作示范单位、上海市先进基层党组织、上海市人民满意公务员集体、上海市文明社区、上海市拥军优属模范街道、上海市特色创业型社区、上海市消防安全工作先进集体等称号。

2. 静安寺街道教育人文资源丰厚

静安寺街道对教育的重视有目共睹，屡创佳绩。1997年，上海市成立第一所服务全体居民的社区学校——静安寺街道社区学校，社区教育开始"独立"发展。2004年，中共中央、国务院出台《关于进一步加强人才工作的决定》以及《2003—2007年教育振兴行动计划》提出积极推进社区教育的重要任务。同年，教育部印发了发展社区教育的指导性文件——《关于推进社区教育工作的若干意见》，将发展社区教育的任务明确为面向全体社区居民（包括在校青少年），提供继续教育、职业培训、特殊教育、休闲教育等多元服务的教育形式，推动终身教育体系构建和学习型社会建设。

同时，静安寺街道内资源丰富。商务楼宇密集，驻区单位众多。静安寺街道区域分布着会德丰、越洋国际、1788国际广场等36幢知名商务楼宇；区域内还坐拥南京西路、华山路、愚园路等多条全市著名的商业文化街以及久百城市广场等大型购物中心。街道还拥有丰富的社区单位资源，现有社区单位2700多家，多处市、区级公共设施。

历史底蕴深厚，海派文化气质浓郁。街道涉及3个历史文化风貌区、市级文保单位7处，区级文保单位1处，区级文保点45处，区域内拥有静安寺、百乐门、熊佛西楼、嘉道理公馆、枕流公寓等历史建筑，蔡元培、周信芳、张爱玲等名人故居，以及上海地下组织斗争史陈列馆、中共中央上海局秘密机关等红色基地。

静安寺街道对教育的作为和蕴藏的资源，为市西小学实施融合教育提供了充沛的资源。

### （二）百姓期盼凝聚教育共识

学校教育是社区品牌的策源地，随着社会文明程度的提高和对人的素质提升的需求，百姓对教育的要求呈现水涨船高的态势。

居民对教育的需求，更多地表现在对孩子入学的需求，他们希望自己的子女从"有学上"到"上好学"，因此对学校办学品质的要求成为内在需求。在百姓眼里，好的学校不仅校园环境优美，设施齐备，有亮点，而且富有内涵与特色。

居民特别关注自己孩子在学校的成长，包括人际幸福感、环境舒适度、学业成就度等；注重孩子在学校能否受到应有的尊重和关心，满足健康、安全、品行培育、学业长进的需求。

百姓对学校教育的需求，从某种程度上说，就是对教育公平和质量的关注，其实也是对教育融合程度的关切，即学校教育的阳光能否真正照到学生身上、照进学生心坎。

百姓期盼是教育发展的重要推动力，不仅反映了社会对教育的需求和期待，也为教育改革和创新提供了方向和动力。

百姓对教育的共同期盼可以凝聚社会共识，形成推动教育发展的强大合力。全社会对教育公平和质量的关注促使社会各界共同努力，为教育创造更好的环境。这种共识也为融合教育的长期发展奠定了坚实的基础。

可以说，融合教育的实施，对满足百姓的教育期待是十足的加分项目。

第二章

# 价值判断：
# 融合教育在普通小学实施的意义探寻

# 第二章 价值判断：融合教育在普通小学实施的意义探寻

《联合国2030年可持续发展议程》目标中明确提出，确保包容和公平的优质教育，让全民终身享有学习机会。全球170多个国家将融合教育纳入法律框架。

《中国教育现代化2035》提出，教育应更加注重面向人人，更加注重因材施教，更加注重融合发展。

在迈向教育强国的进程中，融合教育是基础教育公平与质量提升的一个必要举措。在国家重视、政策支持的时代背景下，融合教育越来越成为普通教育变革的方向，普通学校是融合教育的主体。融合教育不仅关注特殊需求儿童的教育权益，更致力于建设有爱包容、无差别的教育环境，让每个学生都能在适于自己发展的节奏中健康成长。

融合教育在普通小学的实施，是教育价值实现的方式，也是教育价值增值的媒介。

对融合教育的价值判断，其实揭示的是融合教育在普通小学得以实施的缘由。

## （一）融合教育是现代教育体系的重要标志

教育体系是一个社会持续进步的必要前提，也是提升公民素质的重要架构。而作为现代教育体系应当是完整的、全面的、协调的，是不同教育的大合奏。

融合教育，是现代教育体系中不可或缺的一部分，对体系的结构和维护起着重要的作用。

### （一）现代教育体系涉及全体人的教育

现代教育体系，虽为全社会所需要、所覆盖，但服务全体人则是根本的。

融合教育实现的是对所有人的普遍教育。

1. 每一个人，都是教育的重心

人，是教育的始点，也是教育的终点。教育，是由人产生的、创造的。显然，人是构成教育最基础的元素和最基本的细胞。围绕人的教育，才是真正的教育，才是真正教育的所在和全部。

说到人，自然应当包括所有人，即每一个人，不论其出生在何地、处于什么水平、拥有什么背景，也就是说即使基础不同，也不能成为缺失教育的理由。在教育中，每一个人都不应当缺席或被忽视或被歧视。教育，这是每一个人的自然权利和天赋权利。

教育体系，应当是社会为每一个人的成长和进步而制定和设置的，既是全体人的共同意志的体现，也是每一个人的个人意愿的表达。

2. 现代教育体系基于每一个人

作为现代教育体系，应当横向到社会中的每一个人，纵向到每一个人从出生到消亡的任何阶段。

之所以称为现代教育体系，具有人本的教育思想，既有符合时代要求的整体谋划，也是符合个性发展的个体满足。每一个人，既是现代教育体系中不可或缺的一部分，也是现代教育体系中不可分割的一部分。现代教育体系的完整性，突出表现为对每一个人的接纳性和包容性。

3. 融合教育特别关照每一个人

融合教育的提出，是基于每一个人的，尤其是可能在生理、心理上需要特殊支持的人。在融合教育中，一个"融"字，既表示了融天下的胸怀，也表示了融所有的情怀；一个"合"字，既表示了和天下的初衷，也表示了和不同的大度。

融合教育，在现代教育体系中，既于启蒙性的学段教育出现，又以普惠性的全纳教育出彩。融合教育，首先融所有人，不论在出发还是在途中，都会被拥入其中；其次融不同的人，不论处在何处、基于什么程度，都会被关怀备至。

融合教育，以关照每一个人为出发点，以温暖每一个人为切入点，以成就每一个人为追求点，实际上是一种真正的个性化教育。

联合国制定的《世界人权宣言》中指出,"人人皆可受教育",每个人都有受教育的可能性和受教育的权利;孔子弟子三千,提出"有教无类",不管性格如何、有无特长,只要有意愿,都可以来学习;近代教育家夸美纽斯也指出,不论智力水平怎样,每个人都是可以从教育中获益的。

可以说,融合教育就是对这些教育思想的现代诠释。

## (二)现代教育体系关注提供充分教育

教育是一种文化的满足、文明的满足。现代教育体系的价值就在于能为社会中的每一个人提供所需要的教育。融合教育提供的就是充分的教育。

### 1. 满足,是现代教育的任务

教育,是为大众提供的服务,包括知识服务、观念服务、智慧服务,旨在以最有价值的知识为人生打下基础,以最有力量的思想为人生烙下轨迹,以最有创见的睿智为人生留下精彩。

满足所有人的教育需求,即为每一个人提供适切的教育、适宜的教育,是现代教育体系的重要指向,也是现代教育的主旨任务。

教育满足被教育人的需求,这既是教育的伟力,也是教育的职责。一个好的教育体系,一定是提供的教育能够满足任何人的教育需求;真正好的教育,一定是能对上每一个人胃口的。

### 2. 充分,是现代教育的品质

教育,第一是满足,第二是充分。满足,是教育的第一要素;充分,是现代教育的增值成分。

充分,不仅表现为量的饱满,而且表现为质的纯净。质量,始终是维系现代教育的准绳。

受教育人,要从满足中找到教育的无穷,也要从充分中享用教育的无尽。

现代教育提供充分的教育,是将教育从"洒水车"向"奔涌泉"转化,使得更为充分的教育,源源不断,潺潺如溪,脉脉相融。

### 3. 融合教育,就是教育的满足与充分

融合教育,充满教育的泉水,饱含教育的浓汁。

融合教育，以更大的视野和胸怀进入受教育者心中，就是以更满足、更充分为标志的。

当一般教育能让绝大多数人得到满足时，融合教育就是既能满足绝大多数人需求又能满足极少数人需求的共同锦囊；当一般教育能让绝大多数人感到充分时，融合教育就是既能让绝大多数人感到充分又能让极少数人感到充分的共同法宝。

普通学校学生需求日趋复杂、多样化，融合教育就是积极回应"多样化"教育需求的。因为，融合教育以一般教育为基础，以基础教育为基本，以个性教育为坦途，在满足上做文章，在充分上写诗篇，在服务具有特别需求的受教育者身上，展现了满足的容量和充分的能量。这种满足不是简单的数量增加，也不是一般的程度加持，而是蕴含了人类教育的文化底蕴，迸发了人性折射的光辉，具有照亮人的心坎和前程的双重作用。

融合教育，正是以满足与充分的双重价值在现代教育体系中占有一席之地的。

## （三）现代教育体系强化建立终身教育

现代教育体系，既为现代社会发展提供完整的人力支撑，也为个人整个人生提供全过程的智力支撑。而终身教育则是这个体系中的重要部分。融合教育是终身教育的一种方式。

### 1. 终身教育，是持续一生的教育

教育，是人的知识、智慧乃至精神的主要来源，对人的一生成长、成熟、成功起着巨大的作用。从教育对象的年龄层次来划分，有学前教育、小学教育、中学教育、高等教育；从教育承担的功能来看，有启蒙教育、学历教育、培训教育；从教育的分类来看，有义务教育、职业教育、社区教育。究其本质，其实就是终身教育或是终身教育的某一个阶段。

终身教育，狭义是指学历教育后的继续教育，是人的教育的末端；而从广义上说，就是贯穿一生的教育，或是社会提供的所有教育。

终身教育，不论从哪个角度理解，围绕人是不变的。人，既是终身教育的

对象，也是终身教育的价值。终身教育，以人的启蒙文明而存在，以人的完善赋能而显能。

终身教育，不仅提供人的一生的知识赋能的宽度，而且提供人的一生的智慧创造的长度。

2. 终身教育，是社会资源的重组

在现代教育体系中，终身教育，既是一种主张，也是一种类型，更是一种资源。

作为主张，终身教育强调人在生存和发展的各个时期，要以学习、教育作为生存的方式、生活的方式，与教育同伴共生。因为社会是不断进步的、经济是不断发展的、科技是不断演变的，人处在其中，必须与教育同行。

作为类型，终身教育提供更实在、更有针对性、更有塑造性的内容，让所有人学有动力，学有方向，学有成效。

作为资源，终身教育可以集合社会各方显性、隐性的各种资源，通过重组形成潜在或迸发的教育素材，将教育由供方向需方转化，并提供由需方选择的教育内容、项目或特别需要的其他介质。

终身教育，可以是某一种特定的人群和特定的内容，也可以是广泛的人群具有普遍需求的内容提供和价值提供。

3. 融合教育，是终身教育的加持

终身教育的实现，需要不同教育、各种教育类型的融入。可以说，学前教育，要以终身教育为考量；义务教育，要以终身教育为依托；基础教育，要以终身教育为先导；高等教育，要以终身教育为导向；素质教育，要以终身教育为向标，说到底，任何教育都要以建立在人的终身、影响的终极来考虑和谋划。

而在终身教育中，融合教育则是一个最忠实的伙伴。融合教育本身，就是建立在终身教育理念基础上的特殊类型。融合教育，从人出发，不论什么人，正是基于终身教育以人为本的理念。融合教育，从社会性导入，基于人与社会相处的和谐，正是基于终身教育构建和谐社会的理念。融合教育，从普惠性入手，实施普特融汇，弥合落差，实现互补，正是基于终身教育服务普众的理念。

可以这样认为，融合教育为终身教育最后落实到每一个人身上，提供了呈现方式和实现路径。

## 二 融合教育是区域优质教育的关键部分

区域教育，反映某一个区域的教育呈现方式、教育规划目标、教育布局配置及育人理想模式等核心要素，是学校教育的依据和依托。

区域教育的先进程度、优质程度和适宜程度，往往与采用的教育方式呈现正相关的关系。

静安区实施的融合教育举措，正是区域优质教育的显现。

### （一）融合教育体现区域教育的时代性

融合教育在区域实现，体现了教育的时代性。教育的时代性，为融合教育进入普通学校，提供了指南和动力。

1. 新时代为区域优质教育引领

一定的教育总是一定时代的产物。教育的特征与时代的特征紧密关联。

当今时代，是一个经济高速发展、科学技术突飞猛进的时代，以互联网、大数据、人工智能为特征的信息技术发展正处于激荡期、迸发期，新质生产力和新型生产关系正在形成新的样态。这种发展变化，对区域优质教育发展的方向带来了深刻影响。探寻数字化教育之路，成为刚需。因此，教育技术、教育手段、教育方法的提升，也呈现活跃和踊跃的状态。

进入新时代，尽管人的培养始终是不变的任务，但培养方式和育人指向需要进行符合时代发展和社会发展的调整。在教育转型、教育优质的当口，区域教育的优质必然要打上时代的烙印。

2. 新技术为区域优质教育赋能

在教育的提升中，技术是一个关键要素。当下新技术层出不穷，能够用于教育和学校的各种设施不断涌现，区域教育的迭代提升恰逢技术领域的丰富和厚实。尤其是信息技术全面介入区域和学校，给区域教育和学校教育带来了动能和势能。可以说，现在比任何时候都更便捷，新技术让区域教育展开了飞翔的翅膀，为学校教育提供了强大利器。

新技术为区域教育赋能，也为区域教育的视野扩大、功能强劲创造了最好的条件。

3. 新生态为区域优质教育更新

新时代、新技术为区域优质教育的百花齐放吹来了春风，也为区域优质教育的观念更新催生了引擎。

如果说公平、平等是区域优质教育的1.0版本，那么均衡、优质则是区域优质教育的2.0版，融合、个性更是区域优质教育的3.0版。显然，对教育观念的更新是区域优质教育走向深化、强化的必由之路。

区域优质教育，从满足全体向满足全体和个体相结合，将是优质提升；区域优质教育，从"锦上添花"到"雪中送炭"，将是融合再现；区域优质教育，从"单兵作战"到"大兵团作战"，将是规模破格。

区域优质教育，最终反映在满足的全面性、充分的整体性、融合的过程性。

（二）融合教育显示区域教育的优质度

融合教育在区域优质教育中崭露头角，恰是区域定位发展的必然要求，是区域优质教育的能见度，也是学校融合教育的匹配度。

1. 融合教育实施反映区域发展需求

静安区，位于上海市中心城区，作为"国际静安、卓越城区"，静安区发展目标确定为：全球服务承载区，提供"高能级服务"；创新创业活力区，实现"高质量发展"；现代治理标杆区，注重"高效能治理"；国际文化大都市核心区，建设"高品位文化"；美好生活实践区，致力"高品质生活"；凝心聚力实现美好蓝图，倡导"高水平参与"。为此，在区域教育上提出"促进教育优质均衡发展"，致力于"促进教育资源布局均衡，加强高质量教育服务供给，强化教育人才队伍建设，培育智能高效在线教育"。

对标静安区的发展目标，高能级服务、高质量发展、高效能治理、高品位文化、高品质生活、高水平参与，每一项都离不开区域优质教育的发展，离不开融合教育的参与。融合教育，正是静安区域发展书写教育深度融汇的有力一笔，也是满足百姓高品质教育需求的神来一笔。

2. 融合教育在静安区的脚步

融合教育，是民生，是人权，是社会文明、经济发展提高到一定水平之后必然的要求。党的十八大以来，党中央、国务院高度重视教育与民生，明确融合教育是基础教育的重要组成部分。融合教育必须得到普及，并向学前段和职高段"两头延伸"。融合教育必须提高质量，惠及每一个有特殊教育需要的孩子和家庭。

新时代背景下，我国特殊教育正进入加快现代化、实现高质量发展的时期。融合教育是普通学校积极创建接纳环境，响应学生的差异化需求，提升个别化教育质量，保障全体学生平等受教育权利的过程，是当前教育发展的重要趋势。

上海静安区是全国特殊教育先进区、上海市医教结合研究试点区，特殊教育有着良好的实践基础。

在静安区，融合教育正在实现基础教育阶段全覆盖，聚焦于此的三级保障体系正在形成——每所学校有融合教育工作小组，经过专业培训的教师相当于社区的"全科门诊"；静安区有片区式资源中心，相当于"专家门诊"；外聘的各相关领域专家，相当于"集体会诊"，保证学生们的差异化需求得到及时回应。

围绕每一个有特殊教育需要的学生，静安区精心编织起一张有温度的"网"。通过整合社会力量，系统架构特殊教育治理运行网络，组建起以专业化为特征的三级联动实践共同体，建立融合教育研究指导服务联盟，实施多领域深度研究和全链式跟踪服务。

本着"让每个人都有人生出彩机会"的教育理念，静安区关心关爱每一个有特殊需求的儿童。静安区作为"中国融合教育样本"，相关研究成果在国际核心期刊《华东师大教育评论（英文）》（*ECNU Review of Education*）上发表，向世界讲述中国融合教育的美好故事。

## 第二章 价值判断：融合教育在普通小学实施的意义探寻

多年来，静安区在融合教育上做出不少探索，如深化医教结合服务机制，为有特殊需求的学生提供有针对性的服务，持续做好"一人一案"残疾儿童入学安置，持续推进"教育部-联合国儿童基金会"融合教育项目试点区项目，形成人人都是融合教育倡导者和践行者的静安场域。

此外，静安区还积极打造校内儿童友好公共空间。静安区教育局于2023年12月印发《静安区儿童友好学校建设实施方案》，明确要求各校结合自身特色落实儿童友好建设任务，包括空间适儿化改造、服务体系优化等，该方案与上海市《儿童友好城市建设三年行动方案（2023—2025）》相衔接，提出"空间建设友好"等核心任务，强调学习空间需符合儿童身心发展需求，兼具安全性、趣味性和便捷性。

静安区于2024年上半年完成45所学校无障碍厕所改造，下半年推进了13所学校的无障碍厕所改造及20所学校的独立蹲位厕所改造。在细致排摸的基础上，2024年内完成12所中学、11所小学、9所幼儿园光环境更新迭代及改造工程。

静安区从2019年开始推行课后服务，2021年升级为"三段式"课后服务：1小时学习时刻+1小时自主时刻+1小时温馨时刻，为很多家庭解决了"大问题"。

一切的改变都是为了构建儿童友好城区。全区深入践行人民城市重要理念，聚焦幼有善育、学有优教，办人民满意的教育、建家门口的好学校。

值得一提的是，经过缜密调研，静安区已于2021年编制完成《全域支持每一个学生的个性化需求——静安区融合教育行动纲领》，这个行动纲领，将融合教育在区域及学校实施，具有里程碑式的意义，上海市政府网站专门进行了转发。

《静安区融合教育行动纲领》明确提出，融合教育要"全覆盖、深融合、高质量"。教育既是社会事业，也是民生事业，之所以不遗余力推进融合教育，正是为了探寻如何"办人民满意的教育"——百姓的痛点在哪里，哪里有需求，哪里有不足，就补哪里。关注每一个学生，提供公平、优质的教育，这是教育现代化的应有之义。

静安区率先开展的融合教育实践，很重要的一点，在于鲜明提出"普通学校是融合教育的责任主体"，这一判断和论断，是对融合教育在学校落实的责任定位，也是对融合教育在学校开展的保障机制。

### （三）融合教育反映区域教育的品质化

融合教育，不仅是对基础教育的"雪中送炭"，也是对个性化教育的"锦上添花"。融合教育对区域教育品质的进一步提升具有建树价值。

#### 1. 融合教育，让精品教育更有普惠性

静安区，是以精品教育为追求的，静安教育一路走来，教育品牌集聚，教育优质均衡，教育生态优良。而融合教育在静安区域和学校的落地，正是精品教育的延续和凸显。

如果说，精品教育是一种高质量教育的形象概括，那么融合教育就是这种高质量教育的显性复现。融合教育，让更多的学生，尤其是不在同一水平的学生，有了自我纵向发展的机会和可能，这样的普惠性对每一个学生，就是一种公平。精品教育，不仅能登上教育的顶尖，也能筑强教育的底座。

#### 2. 融合教育，让个性化教育更有方向感

教育，要满足所有人的需求，包括共同需求、一致需求、常规需求，还要满足多样化的需求，包括不同需求、特殊需求、个别需求，不仅要传送具有普遍价值的"大火炬"，也要传递具有个体温度的"小暖炉"。

融合教育，让静安教育多年倡导的个性化教育更有方向感和实践天地。融合教育，开始就是以小众服务、特殊服务而取胜的，是针对一些个体有特定需要的学生，这种个体、特定，就是教育个性服务的对象和范畴。而到了新阶段，融合教育发挥出更大的威力，从满足特定人群的需求，转向满足全体学生的多样化需求，让个性化教育变得更实在、更具实效性。

#### 3. 融合教育，让区域教育更有包容性

教育有刚性和柔性之说，所谓刚性，就是要坚决贯彻党的教育方针不动摇，把立德树人的责任扛在肩，有"大熔炉"的意识；所谓柔性，就是要根据每一个学生的具体情况，用弹性和灵活性来开发学生的潜能。区域教育的包

容性，就是能容纳所有求学者，具有涵盖的胸怀；同时，能够接纳求学者的优势与短板。

实施融合教育的区域，不仅能让学生从空间方位上找到最相近的港湾，也能从心灵方位上找到最舒适的地带。包容性，正是区域优质教育的秉性和弹性，也是融合教育的天性和灵性。

## 三 融合教育是现代品质小学的彰显部分

融合教育进入普通小学，既是对小学教育优质的加持，也是对现代小学的诠释。现代意义上的小学，融合教育既是必需的组成部分，也是彰显品质的重要标志。

（一）融合，是现代品质小学的秉性

现代品质小学，在传统意义上秉持基本的教育元素，在开拓意义上坚持开放的融合元素，由此构成了现代的设计和结构。

1. 融合，是坚持教育的广纳秉性

教育的秉性，就是面对不同群体或个人，都能提供公平、公正、公开的服务，同时保护个体的多样性。开在百姓家门口的小学，就是要为居民提供最贴心、最便捷、最有效的教育服务，因此，融合是教育的广纳秉性的及时反应和瞬时反馈。

只有融合引领的小学教育，才是回归了教育本原，才是坚守了教育本义。融合，正是坚持教育的广纳秉性的真实状态和必须内核。

2. 融合，是坚持教育的全面秉性

融合，是一种多元要素的集合。现代品质小学的办学全面性要求，正是融合观念引领的适配。

全面，不仅是学校办学的整体性、协调性、平衡性，还是育人的全体性、普惠性、持续性。这种全面性，有赖于融合的意识、融合的概念、融合的思维，以及融合的结构的全方位、全过程和全链条支撑。

坚持教育的全面秉性，就是把教育从任务完成提升为使命担当，就是把办学从行政事务提升为规律遵循，就是把育人从传递知识提升为立德树人。说到底，全面秉性，正是现代品质小学的题中之义。

融合，是全面的组成要素，也是全面的检验指标。

3. 融合，是坚持教育的开放秉性

融合，是一种更广的视野，也是一种更开放的态度。

教育，尽管是人类文明的结晶，甚至是对过往的一种定论，但不应当是凝固的。结晶，并不是一成不变的理由，定论，并不是永远如此的重复。因此，坚持教育的开放性，不是假想就能成的。

教育，要海纳百川；教育，要林容百树；教育，要园悦百花。要做到这一切，融合就是事实上的开放性、开拓性的最好栽培。

融合，以开放为胸襟，以开拓为路径，以开放为前行，在开放中展现融合的力量，在融合中显现开拓的作用。因此，融合正是开放的进行式，开放是融合的现代时，开拓是实现的完整状。

（二）融合，是现代品质小学的张力

办学，既是严谨的事业，也是勇敢的开拓。现代品质小学的张力，就是事业的拓展。

1. 融合，是办学张力的伸展处

办学张力，是办学能力的加强版，也是办学活力的动感版，更是办学效力的延伸版。作为能力的加强版，张力是一种基于基础的发力；作为活力的动感版，张力是一种长于创新的智力；作为效力的延伸版本，张力是一种源于功能的推力。

一所现代品质小学，能力是必须，活力是必备，效力是必然，而张力则是更加推动学校高质量发展的动力。

办学的张力，是一种办学思想的新思维，也是一种办学提升的新设计，更是办学创新的新走向。办学思想的新思维，就是倡导用常识正确、知识健康、见识科学的教育哲学思想融汇办学全过程；办学提升的新设计，就是倡导用结构新颖、架构合理、构成有序的教育顶层思路融入办学全方位；办学创新的新走向，就是倡导用系统全面、革新创造、改进提升的教育完善机制融合办学全要素，通过融合之手展现张力之臂。

融合，让办学张力找到出现新的增长点的窗口；融合，让办学张力找到呈现新的激趣点的火苗；融合，让办学张力找到展现新的成就点的景观。

2. 融合，是办学张力的迸发点

融合，起于青蘋之末，盛于万舟扬帆。

融合，点燃了办学的新火焰，催生了办学的新形态。

融合，既有自身词语的鲜明本义，也有联想思维的奔放色彩，还有打破陈规的迸发劲头。

办学张力的迸发，是在一种新的办学思想主导下的教育元素与教育要素的融为一体，也是在一种新的办学境界主持下的教育情怀与教育理想的融为一体，更是在一种新的办学设计主导下的教育环境与教育情致的融为一体。

融合，产生办学张力的涟漪，激荡办学张力的溪水，澎湃办学张力的浪涛。用融合思维打通融合教育的"最后一公里"，用融合思维打造办学张力的"最佳实践地"，这是现代品质小学的创意和作为。

第三章

# 作用缕析：
# 融合教育在普通小学产能的教育溯源

融合教育虽然产生于特殊教育领域，但其对教育的启示和实际推动作用超出了本身最初的界定。

融合教育在普通小学的实施，既表明了其内涵的普遍意义，也表明了其精神的建树价值。

融合教育之所以在普通小学产生效能，是因为其身上承载着教育原理和教育价值。

## （一）融合教育是教育普惠实现化的必然

融合教育在普通小学，不仅有服务学生特殊教育需要的"身份认同"，而且有推动实现教育普惠的"角色认同"，这种以满足个性化需求为基本特征的教育，实际上是实现教育普惠的使命担当。

（一）教育机会过程和结果的公平

教育公平作为现代教育的基本内核，一直为社会所关注，也一直为教育人所追求。只有教育公平，才能实现社会正义、民众平等、人人受惠。融合教育追求的就是教育事实上的平等。

1.教育公平，是融合教育的始点

让每一个人享有公平教育的权利，享受公平的教育，这是文明国家、文明制度、文明社会的民生底线，也是教育正义、教育公益、教育普惠的属性底蕴。

教育公平，起于人人生而平等的共识，生于个个成而受教的同愿，既是人权，也是权益。教育公平，既是人类在长期发展中形成的依赖于经济基础和社会文明的意识觉醒，也是人类对教育发展所抱持的基于平等意识和平行理念的伦理规则。因此，教育公平，不仅镌刻在人类发展史和人类教育史的丰碑上，也铭记在所有教育人和被教育人的心坎里，成为社会发展和教育发展的信条。

从"有学上"到"上好学"，从"标准化供给"到"个性化适配"，人们对公平的期待随社会进步、物质条件与权利意识的提升而进化。

教育公平的终极价值，不在于彻底消除落差，而在于通过一代代人的努力，让"追赶太阳"的过程本身成为文明进步的刻度。教育公平似乎永远在追问："我们能否创造一个比昨天更少遗憾的教育世界？"答案不在终点，而在每一次对差异的觉察、对偏见的挑战中。

融合教育在普通小学大放异彩，在很大程度上是因为其对教育公平的实现具有奠定、辅佐、加持的作用。

2. 教育公平三个环节是融合教育的热点

教育公平，应当不仅是制度规定、一种使命约定，而且是社会规范、一种地域公约，更是教育规程、一种职责约言。

教育公平，从意识、过程和结果来看，应包括三个层面的含义：一是机会平等，即人人都有机会接受平等的教育，这种机会平等，更多地表现在提供的教育的机会均等性；二是过程平等，即在接受教育的过程中平等地享受教育资源，这种过程平等，更多地表现在提供的教育的过程适宜性；三是结果平等，即最终的教育结果应当体现出平等，这种结果平等，更多地表现在产生的教育的结果正向性。可以说，机会平等，主要由政府政策主导，表现在招生政策中；过程平等，主要由学校落实，表现在教育教学活动的开展上；结果平等，主要由师生共为主事，主要表现在环境氛围上。

融合教育，要在这三环节上环环相扣，前后连贯，更要从追求机会平等到追求结果平等，要让机会平等铺设一条光明大道，让过程平等开创一路舒适坦途，让结果平等积淀一个丰收果园。结果平等，是机会平等的写照，也是过程平等的写真。机会平等，为过程平等开路；过程平等，为结果平等铺垫。所有平等，都为教育公平背书。

（二）教育质量均衡和优质的实现

优质均衡，是义务教育的政府责任，也是学校教育的职责落实。融合教育,为义务教育的优质均衡助力。

1. 融合教育,为教育优质显影

教育优质,是各种教育教学因素汇合而产生的综合效应,也是办学结构和能动作为凝聚而形成的先进优势。优质,以质量为前提,以优秀为追求。

教育优质,是全面教育观和全面质量观的统一。质地是由标准、规格、作为决定的,标准是优质的导向,规格是优质的尺寸,作为是优质的建筑。质地,是由全面教育观引领、全面质量观把控的。全面教育观,就是正确认知教育的性质、任务,注重教育的公益性;就是明确育人的方向、途径,注重育人的规格度。全面质量观,就是树立质量标准、质量为先、质量全程的意识,在办学过程中,以品质求生存,以优质求发展,以高质向未来。

教育优质,是全体学生共同进步与个体学生不同进步的统一。教育优质,最终体现在学生的培养上,引导全体学生走上共同进步的康庄大道,是学校基本教育的使命责任,关照不同学生个体成长进步,则是学校融合教育的指向担当。

融合教育,通过特殊建树,让教育优质不再苍白、不再飘浮、不再模糊。通过融合教育的实践,让教育优质得以显影。

2. 融合教育,为教育均衡扩容

均衡,是一种平衡,也是一种守衡。

教育均衡,是实现教育公平的必要条件,也是教育公平的能见程度。教育公平,是在均衡基础上的公平,也是构成公平的要素。

教育均衡,首先是一个物质概念,既是资源分配的均衡,也是设施配备的均衡,更是人力、物力均衡。

教育均衡,就是把资源因素合理地配置到学校,把人力因素合情地配置到学校,把政策因素合规地配置到学校。教育均衡讲究公平、公正,统一尺度、统一调度。

教育均衡,也是一个意识概念,不是平均分配,不是一刀切,不是一种做派。教育均衡,既对抗"资源鸿沟"带来的不公,也警惕"整齐划一"掩盖的压抑,最终指向一个更包容、更多元的教育生态。

融合教育，通过对特殊教育需要学生和不同学生特殊需求的满足，使教育均衡不再遥远、不再遥不可及、不再缺少支撑。融合教育强调的共同感、归属感，让教育均衡从远处变为近处，从隐性变为显性，从个别施与变为集体受惠。

融合教育，不仅顾及了教育均衡的点和面，也壮大了教育均衡的阵势和阵容。

## 二、融合教育是因材施教进行式的当然

因材施教，是教育最基本的准则，也是教育最高尚的境界。教育，就是实现因材施教。任何有效的教育，都是因材施教的结果。融合教育其实离因材施教最近。

### （一）从融合教育中找到因材施教的契机

因材施教，是着眼点，也是着手点。着眼点，是因材施教的出发；着手点，是因材施教的劳作。融合教育，让因材施教找到了契机。

1. 融合教育对接因材施教

因材施教，这是正确的教育观。教育，不是用模具"复制"标准，而是帮助每个特质不同的孩子找到适合成长的土壤；真正的教育者，不是"修剪"差异，而是尊重差异。因为世界的丰富，正是源于每一份独特的生长。

每一个人不一样，这符合人类组成的基本法则，符合人间社会组成的基础态势，而学生各不相同，正是人的差异性的必然反映。

教育面对全体学生，必然要面对每一种不同状况，教育的实现，不仅是全体学生的共同进步，而且需要让不同的学生得到各自的满足。因此，因材施教是从事教育的共同课题。

2. 融合教育关注个体差异

可以说，个体差异是因材施教的来源。个体差异，正是每一个学生的不同点，也是表现每一个不同的突出方面。

因材施教，就是对个体差异的正视，对学生表现出来的个体差异，要有正确的认知，既不把这种差异当作非正常状态，也不把这种差异当作教育的障碍，相反，要将这种差异视作正常现象并对此进行有针对性的教育。

差异，从某种角度上说，就是资源。不同差异就是不同资源的汇合，可以成为教育的财富。

3. 融合教育是一种差异教育

融合教育，往往在特殊教育领域实施，就是一种对不同学生身上存在的差异的重视、纠偏、矫正和转化。融合教育的广义，是通过融合将差异转化为提升的力量。

融合教育，首先关注的是一批具有特别显著差异的学生，因为这些学生有特殊的情形、特殊的需求，针对的是一般情形之外、一般需求之上的特殊人群和特殊视域。

融合教育，强调在差异中坚持以学生为本的理念，强调在差异中平等对待不同学生一视同仁的态度，强调在差异中给予特殊教育需要学生的大爱，强调在差异中提供给不同学生的呵护，强调在差异中实现因材施教的初衷。因此，从某种意义上说，融合教育，就是差异教育，融合是对差异的偏爱。

（二）从融合教育中破解因材施教的难题

因材施教在教育界既是主题，也是难题。破解因材施教的难题，正是融合教育的魅力所在。

1. 融合教育让因材施教不再"难"

对因材施教达成共识，并不困难，难的是因材施教在教育中的全面落实。

融合教育，起步的就是因材施教，是针对不同学生的。之所以说，融合教育让因材施教不再"难"，主要表现在：一是实施融合教育就是因材施教的具体实现方式，开展融合教育是从针对具体的一个学生开始的，实施融合教育的过程就是展开因材施教的过程，这两者贴合度极高；二是实施融合教育就是将因材施教从理念转化为实际的教育行为，打通了因材施教的"最后一公里"，使因材施教从理念推崇变为具体行动，这个转化完成了因材施教从向往至达成的跨越；三是实施融合教育就是将因材施教从教师个人的"单兵作战"变为全体教师的"集团攻坚"，形成集体的智慧与力量。

#### 2. 融合教育让因材施教不再"浮"

因材施教在观念上承认、口头上承诺，大家基本上都能做得到，但流于形式往往是通病。

而实施融合教育，因材施教就不是一个"救生圈"，而是一个"大码头"，避免了"浮沉"的无助感，产生了"坚实"的沉甸感。

融合教育是实打实的，融合教育让因材施教不再"浮"，主要表现在：一是光嘴上说说"因材施教"的"浮夸"消失了，融合教育不会把"因材施教"当作一种美好的说辞，甚至当作挡箭牌；二是教学过程中的"因材施教"像踩"西瓜皮"滑到哪里算哪里的"浮动"消失了，倒逼教师将因材施教从任务变为使命；三是"因材施教"难以捉摸的"浮萍"感消失了，教师在具体实施中不断进入"因材施教"的"深水区"，既大胆涉足又智慧立足，从而产生了教育瞄准"因材施教"靶心的推动感。

融合教育沉淀下来，最重要的标志是研究、探索因材施教成为学校生态和教师的状态。在市西小学，融合教育成为学校的共同课题和教师的攻关课题。

## （三）融合教育是学生成长最大化的使然

教育的效益集中体现在学生身上，体现在每一个学生的具体成长上。融合教育，就是促使全体学生，包括特殊教育需要学生的共同成长。

### （一）融合教育的个性化为学生成长最大化"张目"

融合教育的个性化，直指学生成长的最大化。

#### 1. 学生成长最大化的标志

学生成长上具体要求的，追求学生成长的最大化，是教育效益与教育效率的统一，也是办学投入与办学产出的平衡，更是育人成本与育人成效的匹配。

因此，学校追求学生成长的最大化，是融合教育所要达到的目的。

学生成长最大化，主要表现在：一是全体学生成长的全覆盖，就是说，学校教育最终让全体学生有获得感、成就感，不缺一人，实现大面积丰收；二是全部学生成长的全面性，就是说从时代和社会需求出发，瞄准育人品质和规格，实现德智体美劳全面发展，不落一处，讲究各层面协调；三是全校学生成长的全落实，每一个学生都在原有基础上有新进步，不拘一格，人人出彩；四是个体学生成长的全舒适，找到成长的舒适区，找到成功的成就感，找到发展的欢畅地，不失一着，成长是共同的权利，不是个别的专利。

学生成长最大化，就是学校办学的最显化，教师育人的最优化，家长期望的最实化。

2. 学生成长最大化的关切

学生成长最大化，既有具体标志和指标，也有独特的感受和关切。

要让学生成长最大化，就是要瞄准学生成长最大化的利益所在和愿望所在，关切学生成长最大化过程中的精神追求和情感体验。

关切学生成长最大化，主要表现在：一是关切学生对教育的直接感受和办学的真切感受，经常关注学生在校的幸福指数，要从学生角度营造学校的环境和氛围；二是关切学生在校成长的需求，注重倾听学生的心声和愿望，把办学作为抚慰学生心灵的旅程，给予最大关照；三是关切学生奠基成长的要求和指向，为他们打下扎实的成长基础，给予发展的强大后劲；四是关切学生的心理需要，给予必要和及时的心理支撑；五是关切学生的个体需求，满足个性化发展的需要。

### （二）融合教育的开放性为学生成长最大化"赋能"

融合教育是开放的、接纳的、包容的，这种开放、接纳、包容，实际上是在为学生成长最大化"赋能"。

1. 融合教育的"赋能"功能

融合教育，不是另加一块的教育，而是以更多融入、开放的特性为学生成长的最大化增添了动力、途径、方法和艺术。

融合教育的"赋能"功能，突出表现在：一是教育类型赋能，融合教育作为一种接纳所有学生的教育，在教育类型上更讲究宽口径、纵深入，把所有学生纳入其中，实现教育类型的普惠；二是教育功能赋能，融合教育不仅具有普通教育的内核，更有特殊教育的外延，它的强劲表现在对所有学生的适用性，所到之处对学生的作用显而易见；三是教育方法赋能，融合教育采用的是一人一策，教育方法更贴近学生的实际需求，独特的方法、周全的方法、融合的方法，让融合教育更能走进学生。

2. 融合教育的"赋能"特色

融合教育的特色，不是为了特色而特色，而是为了学生成长最大化的特色。

融合教育的"赋能"特色，主要表现在：一是全体学生的成长最大化有群体出彩的格局和规模，学生成长最大化的群体效应为优质办学背书；二是全部学生成长的最大化有全面发展的规格和特质，学生成长最大化的全面发展为育人品质加分；三是个体学生的成长最大化有百花齐放的态势和优势，学生成长最大化为个性化教育喝彩。

第四章

# 创意建构：
# 融合教育在普通小学成就的校本表达

# 第四章 创意建构：融合教育在普通小学成就的校本表达

融合教育的本质是为具有特殊需求的学生提供适切的教育。市西小学引入融合教育，从某种角度上说，是为了满足学生成长的多样化需求，是面向更宽泛的对象实施更有效的教育。

## 一、融合教育的由来

融合教育的产生，是教育精细化的成果，也是教育普惠性的必然。

### （一）融合教育的起源

#### 1. 融合教育的产生

走进文献、政策中的"融合教育"，不难发现，中国两千年前先哲圣贤提出的"因材施教""有教无类"，当代"随班就读"的成功经验以及国家对教育发展的前瞻性规划中都饱含着"融合教育"的思想。

而真正出现以"融合教育"为叙事的，据记载源于1968年，瑞典学者本格·尼尔耶（Bengt Nirje）出席于美国召开的智力落后问题研讨会，在会上他介绍了一种思潮：正常化。他提出："应尽可能保证智力落后者的日常生活的类型和状态与成为社会主要潮流的生活模式相接近。""正常化"思潮的提出，反映了人们对于特殊教育公平的理解与认识。在这种思潮的传播和影响下，欧洲和北美国家开始反思传统的隔离的教育模式，从而产生了特殊教育史上具有里程碑意义的融合教育运动。

在"人人享有受教育的权利"理念的引领下，针对教育中存在的基础教育水平低下、教育发展不平衡、未入学儿童和成人文盲数量居高不下等问题，联合国教科文组织于1990年，在泰国宗迪恩召开了世界全民教育大会。全民教育要求教育需要满足每一个人的基本学习需求，是对"融合教育"的进一步确认。

世界特殊教育发展的整体趋势是从隔离走向融合。在隔离教育时期，特殊需要儿童的教育与普通儿童的教育是并行但互不相通的。当经济社会高速发展，教育公平的理念越来越深入人心，融合教育的理念逐渐产生。

以美国为代表的北美洲通常把这项运动称之为"回归主流运动（mainstreaming）"，而以英国为代表的欧洲国家则将这项运动称为"一体化运动（integration）"。

虽然名称有所差异，但二者的核心理念是相同的：都是从根本上打破了特殊教育与普通教育之间的藩篱，都是在"正常化"思潮的影响下，将特殊教育需要孩子融入普通教育机构和主流社会中的实践活动。

在这些运动之中形成的一些理念，例如"最少受限制环境""个别化教育计划"等，都极大地推动了融合教育的实践和发展。

融合教育，主要起源于特殊教育领域，强调的是让身心障碍儿童和普通儿童在同一间教室一起学习，从而为身心障碍儿童提供一个正常化的教育环境。英国政府于1996年把融合教育确定为一项政策。

如今，融合教育成为各国教育走向现代化的共同趋势。

19世纪，芬兰人开始关注身有残疾的特殊儿童群体。19世纪40年代，芬兰开始创办聋哑学校，60年代创办了盲校，90年代创办了培智学校。截至2010年，芬兰共有8所全日制特殊教育学校，他们主要为视力残疾、听力残疾以及其他残疾学生提供教育。在2010年秋季开学时，总共有46710名学生接受特殊教育，占全部学生的8.5%。

芬兰随班就读学生数量和部分时间特殊教育学生数量正不断增加，而特殊班级以及特教学校学生数量逐渐下降。从1997年到2010年，在普通学校随班就读的儿童比例从1.4%上升到7.3%，在特教学校的学生比例从2%下降到1.2%。

2010年，芬兰接受全部普通课程的身心障碍儿童有20406名，与2009年相比增加了1%，而全部接受特别课程的儿童有10856名，与2009年相比下降了6%。

如今，每一个芬兰残障儿童都拥有就近入学接受教育的权利。父母可以根据孩子的情况，选择随班就读、部分时间接受特殊教育、加入特殊班级或是特教学校。因残疾导致学习困难的儿童可去特教学校。一些普通学校里也有特殊课堂，通常是10个学生一组，配备一位主要教师和一位助教教师。教师会给予每个人特殊帮助，直到他们具备了正常学习的能力。

来自上海市教委的统计显示，截至2018年，全市有近900所普通学校为残障学生提供融合教育，其中800余所普通学校有残障儿童随班就读，70余所普通学校开设了特教班。全市专职特教教师近400名，各类特教指导中心巡回指导教师近100人。为让残障儿童就近上好学，市教委教研室牵头组织相关试点区、试点学校积极开展随班就读教学有效性研究、随班就读学校课程整体规划研究、国家特教课程校本化实施等项目攻关，通过近5年的行动研究，逐步建立起普特融合的教研制度。

目前，世界融合教育的发展已经到了一个以提升质量为核心目标的阶段。提高融合教育质量，不仅仅是口号或目标，更表现为一系列与融合教育相关的教育改革活动，既涉及宏观层面的教育体制变革与学校转型等问题，更涉及微观实践层面的课程与教学。

2. 融合教育与全纳教育

讲到"融合教育"，不得不提"全纳教育"。从历史发展的角度来看，"全纳教育"与"融合教育"的起源是不同的，但并不意味着这两个概念就是毫无联系的。

从起源和关注领域来讲，"融合教育"起源于特殊教育领域，是特殊教育发展的必然趋势。在我国，融合教育的发展可以追溯到20世纪80年代末，政府开始倡导并推行随班就读。

"全纳教育"的产生，则要回溯到20世纪90年代初产生的"全民教育"思潮。"全纳教育"的理念指向整个教育领域，而非单独指向特殊教育。

1994年6月，联合国教科文组织在西班牙萨拉曼卡召开世界特殊教育大会之后，发表了《萨拉曼卡宣言》，首次提出了"全纳教育"的概念。《萨拉曼卡宣言》指出，"普通学校应向绝大多数儿童提供一种有效的教育，提高整个教育系统的效率并最终提高其成本效益"；"在融合学校里，有特殊需要的儿童应该得到他们可能需要的各种额外支持，以保证他们的教育效果"。它强调容纳所有学生，反对歧视和排斥，注重集体合作，以满足不同学生的需求。这份宣言当时受到94个政府和20个非政府组织的支持。

联合国教科文组织对"融合"的定义是，找出实现素质教育的障碍，并找到减少这些障碍的方法。这是一个为有不同特点的各种学习者服务的系统,并支持普通教育环境中的多样性(教科文组织,2009)。全世界都在努力把不同肤色、语言、种族、宗教、社会经济状况和能力的儿童或残疾儿童、有特殊需要的儿童或有特殊教育需要的学习者全部纳入正规教育体系中来。这其中包括生理差异(视力障碍、听力障碍、脑瘫、慢性病、骨科问题)、神经发育和感官差异(如孤独症)、认知和学习差异(学习障碍、智力障碍、高天赋和天才)、言语和交流问题、社会情绪性问题和行为问题。

有学者认为,如果"全纳教育是通过增加学习、文化和社区参与,减少教育系统内外的排斥,应对所有学习者多样化需求,并对其做出反应的过程",那么融合教育可以看作是实现全纳教育目标的重要点位或阶段性成果。

对于融合教育的定义,现在国内外学者没有统一的界定,这是因为融合教育仍是一个内涵与外延层面不断发展和持续演进的概念。

### (二)融合教育的原义

融合教育自有狭义和广义之说,其原义并不复杂,就是为特殊教育需要学生和特殊需求提供适切的教育。

#### 1. 什么是"融合教育"

融合教育有广义与狭义的意思,在不同的领域有不同的含义。比如其英语简单化翻译为inclusion,精准翻译为inclusive-education;融合教育在广义上是一种全新的特殊教育理论。

百度百科指出,融合教育,就是指通过特别设计的环境以及方法对特殊群体进行教育融合的教育实践。

融合教育是一种吸纳所有教育对象,反对歧视并促进参与、合作,满足不同需求公平服务,让以学生为主体的教育对象共同学习与活动的特殊教育,重点是让身心障碍儿童融入普及教育中,而非在隔离状态下受益的教育方式。

所谓融合教育,就是提供给所有学生,包括那些有显著残疾的学生每人一个公平的机会——获得有效的教育服务的机会。在此期间需要提供给他们所需的辅助器具和支援服务,以及在适当的年龄让他们在普通学校的教室里接受教育的机会。这样做的目的是为了让学生以后可以在正常社会中生存，让更多的特殊儿童回归主流。

美国国家教育改革及融合教育中心将"融合教育"定义为："对所有学生，包括障碍程度严重者，提供公平接受有效教育的机会，在住家附近学校、合乎其生理年龄的班级，使用所需的协助与相关服务，为让学生日后成为社会有用且充分参与的一分子做准备。"总之，是为了让特殊教育需要学生与其他学生一起学习及成长，融入学校与社会。

简言之，融合教育就是让所有学生都在正常班级内接受所有适当的教育。

2. 融合教育的内涵

融合教育，富有深邃的内涵。

华东师范大学融合教育研究院名誉院长汪海萍认为，每个学习者都至关重要，且同等重要，这是融合教育的核心理念。

融合教育是基于人的教育，强调"为所有人的学习"。强调"所有人""所有学生"，而不仅仅是"有残障或特殊需求的学生"。我们之所以要推行融合教育，不只是因为这是法律或文明发展的要求，更是因为它是好的，不仅仅因为对残障和特殊需求的学生好，而是对所有学生都是好的。有残障和特殊学习需要的学生既是所有学生中有机的、天然的组成部分，又是教育公平特别保护的对象。

融合教育之所以对所有的孩子有益，在于透过融合教育，我们能够把每一个鲜活的生命、有不同特性的这些孩子，用专业培养的方法去满足他们不同的学习需求，而不是以削足适履的方式。只有这样的环境才能够给所有学生都提供最大滋养的全面赋能，也只有在这样的环境中，每个学生才能够真正实现"做最好的自己"。

融合教育的目标是为了实现在教育过程中，乃至通过教育，在更大的整个社会框架下，所有人对社会的平等参与和融入。它为每个学生（所有学生，无论是否有特殊教育需要或残障）提供的是一个平等、多元、共同的学习环境，予以他们支持和尊重，以充分发展其学术、社会和情感发展的潜力，不仅能够平等地参与教育系统，且实现平等参与社会。任何与平等参与相抵触的教育实践都不是融合教育。

## 二、融合教育的视角

融合教育，让教育的视角发生观念性、针对性、有效性的变化，更注重教育的全体性、全面性、全纳性。

### （一）"特殊"辅佐，"普通"回归

融合教育，最初是以服务特殊需求学生而诞生的，而其内含的教育理念则对普通学生也完全适用。

当市西小学开展融合教育之后，外校的教师问得最多的一个问题就是：这所学校有多少随班就读学生？

其实，近三年来，一个也没有。没有的原因大家都能猜到：家长很介意，觉得这顶帽子不能戴。就像华东师范大学教授有一次在一所基层学校调研，遇到一个家长，他的孩子智力发育迟缓，他很直白地说："我不会给学校提供任何证明，只要我的孩子不是随班就读生，他的成绩就得算进你们的总成绩，老师一定会帮他补课，不会放弃他，孩子学一点是一点。"家长认为，我的孩子已经生而不幸，我就是要为他坚持一个父亲的立场。

大家都清楚，即便没有随班就读的学生，对于大多数普通学校来说，也存在有特殊教育需要的学生，而且就算是普通学生也有特殊需求。

因此，将视野关注到每一个学生，已成为融合教育进入普通小学的特征。可以说，有特殊教育需要学生进行随班就读，这是融合教育的本分；而关注普通学生的特殊需求，这是融合教育的本能。

### （二）"专指"点状，"泛指"全面

融合教育，既有专指教育对象，更有泛指教育对象，是解决全体与个体教育问题的钥匙。

推进融合教育的重要任务，就是要积极探索一体化教育场域下的既能满足集体教学统一质量要求，又能适应学生"广泛个性差异"的教育活动。

过去几年，市西小学设计了"高位感觉统合课程""多感官数学教学课程""数学启蒙绘本课程"等，都是从随班就读学生发展需求出发，成立融合教育推进小组，通过集体教研设计相应学习环境，确定活动实施路径和评价方式，取得不错的成效。

学校在总结融合教育活动实施经验基础上，探索以"现实问题"为导向、以"实践项目"为抓手，以"成立团队—调整环境—差异教学"为途径，将受益对象从随班就读学生扩展到更多有特殊需求的学生，乃至全体学生。

比如，在2016年上海市中小学学业质量绿色指标测评中，学校的阅读优秀率低于区平均水准，反映出学生的阅读能力不够，有相当一部分学生既没有阅读兴趣，也没有阅读习惯。于是2018年学校成立了"彩虹桥阅读项目组"，提出每天阅读一小时，每周一节阅读课，每月阅读一本书，在阅读课上，特别针对不同认知风格学生，教师提供有针对性的阅读支持。

面向动觉型学生，低年级注重用带律动的歌谣来帮助阅读，在唱唱跳跳读读的过程中让学生实现记忆，参与阅读。中高年级会采用戏剧的方式来帮助阅读。面对视觉型学生，多用清单式或思维导图方式进行阅读思考和梳理。

2019年上海市中小学学业质量绿色指标测评结果显示，学校阅读优秀率超过静安区平均值4.4个百分点，2022年，超过静安区平均优秀率值6.7个百分点，超出上海市平均优秀率值10.2个百分点，实现了学生阅读质量的飞跃，更重要的是，阅读成为多数学生的生活习惯，让他们内心丰盈，获得智慧启迪，这让他们终身受益。

针对不同学生群体需求，学校在开展项目化学习，比如《校园朗读亭使用手册设计》就是五年级学生为了帮助看不懂成人版朗读亭手册的同伴开展的研究实践，学生们自发设计了视听结合、动静相宜的各种版本的朗读亭使用手册，供不同年级不同认知风格的学生使用。

（三）"学科教师"出师，"懂行教师"出彩

开展融合教育，不仅需要专职教师，更需要具有融合教育理念和方法的教师。

绝大多数任课教师，都是以学科教学出身的，学科教师是普通小学开展教育教学的主力，他们大多都能完成基本教育教学任务。而融合教育，则需要这些学科教师在本专业基础上提升，从学科走向懂行，成为融合教育课堂的教师。

让人欣喜的是，在学校有意识的培养下，市西小学普通教师对特殊需求学生的态度、对特殊需求学生突发事件的处理方法以及与特殊需求学生家长沟通的技巧，都有了明显进步，成为有"特殊教育意识"的教师。

## 三 融合教育的市西表达

融合教育，在市西小学有着自己的诠释：从实践中获得的亲知和感受，让教师更接近融合教育的规律，更贴近融合教育的实体，更走近融合教育的理想。

### （一）融合教育，是有力度的教育

融合教育，柔中有刚，是有力度的教育。

对平等的追求、对参与的强调、对支持的呼吁以及对合作的要求，共同构成了当代融合教育发展中的基本价值观念和原则。

"每个学习者都至关重要，且同等重要"这个核心理念深深地打动了市西小学的教师，这与学校的办学理念、目标愿景不谋而合。大家欣喜地发现，融合教育是一条通向公平、优质教育的必由之路。

2021年12月，国家教育部教师工作司鹿旭忠处长到市西小学参观，谈了对融合教育在普校实施的看法：一个肢体残疾的孩子走进学校，大家一眼可以看见；一个智力发育有问题的孩子，只要相处一段日子，也能发现；但是一些有情绪行为障碍、注意缺陷与多动障碍（ADHD）、孤独症的孩子往往要花很长一段时间才能被发现，好像处在雾蒙蒙的灰色地带。他认为，现在普通学校做融合教育，就应该努力照亮这块灰色地带。

其实对普通学校来说，首先需要提高教师的认知水平，比如表面上看，某个学生总是不守纪律、任性、爱发脾气，没大没小没规矩，其实很可能这就是一个需要融合教育支持的学生，不能按照常规的方式去教育。

在融合教育推进的数年实践中，我们深切地感受到了来自儿童的力量，这股力量不断提醒我们，重视每个儿童的成长体验，研究他们的发展规律，真正关注每个儿童在校园学习生活中的参与度，才能为他们的终身发展奠基，做好面向未来的教育。我们认为教师、课程、学校、社会等等都是为儿童成长服务的环境和媒介，以儿童的力量、儿童的真实需要撬动这些媒介的调整，才能真正做到以"儿童发展为中心"。

融合教育的"力度"，是让教育回归其原有的使命——让每个生命都在适宜的土壤中生长。它不回避差异，而是将差异转变为教育资源，不追求"整齐划一"，而是通过政策的推进、创新的实践和全社会的参与，真正体现"有教无类、因材施教"。这种力度，既是教育改革的决心，也是对人类尊严的坚守。

### （二）融合教育，是有温度的教育

融合教育，自带体温，是有温度的教育。

2023年6月，学校收到一位毕业生家长送来的锦旗和一封情深意长的感谢信。信末，家长把五年里教过这个孩子的所有教师，包括只带过三个月课的一名代课教师，全都感谢了一遍，而且所有教师名字没有一个写错或写成同音字的，显然是花了心思全部核对过的。

原来，这名学生患有葡萄糖-6-磷酸脱氢酶缺乏症，俗称"蚕豆宝宝"。用家长的话说，她写字慢、吃饭慢、走路慢、思考慢，甚至亲戚朋友都听不清她说的话，妈妈都"替她着急"。但是她在学校生活的五年里，能经常听到教师们说"慢慢来""有进步"，能听到同学们说"你真棒""我们都喜欢你"。班级里还有一个特别的小岗位，叫"小小翻译官"，专门帮助新接班或者外聘教师翻译她的话。她一个字一个字地说，"小小翻译官"甚至全班都耐心地、满含期待地等。有时候连她妈妈都很惊讶，"小小翻译官"能听懂她说的每一个字。有时候，这个孩子站起来回答问题，简单的一句话要用两分钟，从教师到学生都安安静静等她说完，然后集体鼓掌。带班五年的班主任朱老师明白，生长在融合校园文化中的孩子，会回馈给同伴更多的爱。成长在这样一个稳定又温暖的环境中，这名学生也充满了力量。她认真对待学习，多次获得"书写小达人"的称号；她心理阳光，脸上总是充满笑容。五年级篝火晚会表演，同学们带着她一起上台表演舞蹈。

当我们的集体中有了这样的伙伴，其实，更多学生会从中受益，同理心、责任感、世界的多样性、包容度，这些都会让他们从融合教育中汲取力量，发挥自己的价值，贡献自己的力量。

融合教育的温度，是"我懂你的不同，也珍视你的存在"，每一份独特都会被温柔托举。在这里，教育不是"选拔"，不是"竞争"，而是一场以生命温暖生命的修行；在这里，教育点燃的不是熊熊火焰，而是万家灯火，让角角落落熄灭"偏见"，多一片"微光"。

### （三）融合教育，是有信度的教育

融合教育的"信度"并非凭空产生，而是建立在科学理论、实证数据、政策保障和社会价值的坚实根基之上。通过不断优化实践、倾听多元声音，持续巩固其信度。

它从关爱着手，积极捕捉并回应学生成长的多样化需求。比如，在体质监测中，学校发现，有一批学生体重超标，小胖墩们在生活中有不少困扰，不仅体质堪忧，个人自信心也大受影响。学校从学生的需求出发，建设"健康生活"类课程，利用资源教室打造"健康厨房"，鼓励教师取得"高级营养师"证书，开展了项目化学习"设计健康减脂食谱"。小胖墩儿们学习营养学知识，设计健康食谱和健康饮食APP，家长们利用这款APP，改变家庭饮食结构。体育教师开出"运动处方"带领小胖子们减脂肪增体质，健康生活理念也在孩子心里埋下种子。

这样的项目在市西小学还有很多，学生和家长从中感受到学校教育的效度，帮助学生获得了自信。

融合教育的信度，不在于疾风骤雨般的变革表象，而在于根植教育本质根系中的坚定和成全，让每个生命都被看见。

时至今日，办一所惠及每个孩子的彩虹学校，已经不是一句口号，大家越来越有信心，一个也不能少。老师们会拉起每一个学生的手，让他们站在学校中央，给予他们全方位的支持！

第五章

# 管理转型：
# 融合教育推动发展的治校发问

# 第五章 管理转型：融合教育推动发展的治校发问

实施融合教育，不是一条线上的单兵作战，而是在整个面上的系统推进。将融合教育融入办学全过程，是办学领域一场深刻的变革。

融合教育成为办学的灵魂，得益于全面性谋划、全方位推进、全过程落实。

## 一、融入办学"一盘棋"

学校的发展应当以全体教职员工与全体学生共同融合为方向，以提升学校关照所有学生个体差异的能力，使所有学生都能接受优质教育为发展目标。因此，学校对融合教育的定位，直接关系到它在办学的过程中是浅表介入还是深度实施。只有真正融入办学"一盘棋"，才能使融合教育在学校有地位，有权威，有实效。

### （一）融合教育从"点"到"面"

融合教育的提出，更多地顾及有特殊教育需要的学生，最初在普通小学实施，正是从"点"上开始的。

1. 融合教育的"点"揭开面纱

市西小学随班就读工作的起步可以追溯到十余年前，2011年学校开始尝试对有特殊教育需要的学生开展个别化干预，先后有8名随班就读学生在学校就读。

第一个随班就读学生是听力障碍，由于植入人工耳蜗较早，听力补偿和语言发展较好，不影响他的日常生活和学习。

各学科教师在普通课程中为这名听障学生提供个别化支持。教师发现，尽管他有严重的听力障碍，但识字量很大，在他头脑中留下的视觉、触觉、动觉的表象要比听觉表象多，因此在他这个缺少语言的世界里，直观形象呈现的纸质任务单对他来说更易理解。教师就想方设法用个性化学习任务单上的文字说明来弥补他的听力缺陷，保障了他与伙伴同步学习。

比如，体育教师在"立定跳远"课上，利用该生识字量大的优势，为其定制了一张学习单，在活动任务单的"正确技巧"板块增加了文字描述。这些文字内容是该生在小组讨论时无法通过倾听获得的，但是通过文字阅读，他很快掌握了正确的技巧，学会了立定跳远的本领。

伴随着随班就读工作的开展，学校对融合教育的认识、理解也随之开始，这个随班就读的"点"，具有开创性的意义，它让学校将融合教育融入办学的新思路，教师对融合教育有了真切的感受。

2. 融合教育的"面"深入腹地

学校自从接纳随班就读的学生开始，就对普特融合的教育产生了极大的兴趣，引发了融合教育在整个办学层面上深发开去的畅想。

学校认为，学生的特殊需求，不仅在随班就读的学生身上存在，也在普通学生的身上存在，这种需求，正是教育要面对的"面"，而这个"面"的满足，正是深入教育的"腹地"，具有延伸性的意义。因此，融合教育需要在课程、资源、文化等多方面实现系统性变革，以确保每一个学生的需求都能得到满足。

为形成融合教育共识，切实提高教师的融合教育素养，学校抓住四个契机：一是新教师入职时，进行融合教育通识培训；二是开展重大活动时，要求充分凸显融合教育理念；三是每学期开学时，开展教师融合教育素养提升培训；四是假期来临之前，推荐融合教育书目，要求撰写读书笔记作为假期自培项目。

学校深度参与了"教育部-联合国儿童基金会：中国融合教育推进教师专业能力提升"项目，培养了一批融合教育种子教师，从理论认知走向实践支持，力求为所有学生提供适切的教育支持。

3. 融合教育从"点"到"面"走向优质教育

融合教育在小学实施，既给了特殊教育空间，也给了完整教育契机。教育需求的全面满足，能让教育走向多元、包容。

融合教育从"点"到"面",从教育目的上看,是达成普惠全体学生;从教育衔接上看,是助力学生各自成长;从教育理想上看,是实现育人成才的愿望。

融合教育从"点"到"面",让教育的完整性从向往到行动,从愿望到行动,从理想到现实,从"指导干预"到"顺应支持"。

## (二)融合办学从"形"到"神"

融合教育,牵动的不仅是教育观念的改变,也涉及教育形态的变化,对学校办学的影响是深远的。

### 1.融合办学的"形"态

融合教育的引入,对融合办学的直接效应,不仅是催发,而且是激荡。

市西小学的融合教育,有具体的"象",有鲜活的形态。在校园环境无障碍保障方面,学校通过环境的迭代升级,站稳学生立场,持续拓展适于学生成长的场域时空。

在物理空间改建方面,学校努力营造滋养每个学生的融合教育环境,"看见"每个学生的生长需求。例如根据不同年级学生的成长、发育、社交特点,在教学楼里精心打造了属于他们的三个角落:能量角、互动角、安全角。

同时,以静水深流式的滋养、唤醒、培育,营造融合教育文化,让友善、包容、关爱的情感在校园里静静流淌。学校设计了五类时刻:一是创造专属时刻激励进步,二是创造伙伴时刻促进交往,三是创造温情时刻给予关爱,四是创造暖阳时刻助力成长,五是创造精彩时刻展示风采。

遵循融合教育"合理便利"的原则,学校和有关人员都有义务提供合理便利,让所有学生都能够接受融合教育课程。无障碍和合理便利都是《联合国儿童权利公约》中反歧视原则的重要组成部分,也是实现平等参与原则的必要条件。学校为此积极设计学生愿意参与的课程活动,这些活动注重满足一定的要求:有充分的思考时间、不必有储备知识才能进入学习、同伴合作学习、进行差异性教学等等。

### 2.融合办学的"神"韵

融合教育的引入,让学校办学的精、气、神得到极大提升。

学校将融合教育价值观融入办学目标、学校政策、学校文化，坚持"尊重每个生命的独特性，让每个独特生命都有发展机会"的办学理念，坚持以学生发展为本，坚持五育并举，全面丰富学生的学习经历，以文化引领内涵发展，营造良好的育人生态，营造高度协同、赋能于人的精神文化，以"快乐、自信、和谐、友善"为校风，以"敬业、爱生、务实、进取"为教风，以"乐学、善思、合群、力行"为学风，育"有梦的读书人、有趣的创意师、有爱的志愿者"等具有可持续发展力的学生群体。办学的顶层设计，厘清了具体内涵和指向，创生了新的机制，以保障办学理念的落地生根，规划指标的有效达成。

将融合教育纳入学校整体规划，是学校实现全面发展的重要举措，也是推进融合教育至关重要的一步。

一是根据融合教育理念重新检视现有学校规划和发展目标，提出"坚持办一所惠及每个孩子的彩虹学校，力求让人人享有平等而个性化的教育机会，持续推进融合教育实施"的办学愿景。

二是制订全校性的融合教育推进行动计划，以总体规划的形式规定了学校融合教育推进的目标原则、具体措施、责任主体及年度推进目标。

三是制订全校性的融合教育专业素养提升方案，采用多层次、共合作、多途径、强支持等手段，提升全体教师融合教育专业素养，力求打造全体教师参与、全体学生受益、全体师生进步的融合教育氛围，以融合教育带动学校教育水平高质量发展。

四是制订家长和社区参与计划，促进"校家社"协同，引导家长树立科学育儿理念，履行家庭教育主体责任，加强宣传，积极争取普通学生家长的理解、支持。注重发挥社区、社会相关团体作用，形成合力，共同为特殊教育需要学生创造良好的教育环境。

### 3. 融合办学从"形"到"神"形成优质生态

融合办学，既由融合教育牵发，也由优质教育固守。

融合办学从"形"到"神"的形成，对学校教育的优质生态是重大建树，产生了看得见、摸得到、有获得感的效应。教育的优质生态，既是教育理念先进的必然产物，也是教育精神的必然反映，更是教育追求的必然兑现。

近年来，学校在办学过程中通过对融合教育的推进、组织与管理，将融合教育纳入学校整体规划，建设融合环境，尝试基于融合教育视角的学生评估、进行课程与教学调整，开展学生行为与社会情感支持，做好特殊教育专业支持，促进教师持续的专业发展、家校合作与社区参与以及融合教育资源配置。

每学期初，各部门人员根据规划中的融合教育的年度阶段目标，制订部门学期融合教育工作计划，而后细化分解至每月；每月初，各部门形成当月融合教育工作计划，责任到人，月末，则对实施情况进行反思汇总，查找不足、改进提高。学期结束时，对照本学期的融合教育工作计划、月度计划形成融合教育工作小结，在行政班子中交流；每个年度结束，主管行政对照年度融合教育工作计划的实现目标面向全体教职员工做工作总结汇报。这样，通过融合教育工作月小结、学期小结、年度小结定期评估融合教育工作的进展情况和规划的达成度，能及时发现问题和不足，进行反馈调整、改进优化，可以确保目标的有效实现。

就这样，学校有计划、有步骤地积极创建融合教育实践创新校，营造出良好的育人生态。

## （二）融洽环境"友好型"

融合教育对环境的创设、烘托、利用有着标志性、体验性的要求，环境"友好型"是其中一个基本特征。学校在融合教育环境的建设中主张融情景、融人文。

### （一）环境布置融情景

环境融入，为融合教育在学校的能见度提升提供了客观背景。

*1. 物理环境做"加法"*

物理环境的融合教育特点，应当表现得鲜明和突出。

学校专门辟出三间教室，建成"爱+融合教育资源中心"，总面积近200平方米，分别赋予了既好听又有寓意的名字——慧生活、翻斗乐、智多星。除有特殊教育需要的学生会在此活动外，整本书阅读课程、课后服务、体育活动课、社团活动、拓展课等也在这里进行。"爱+融合教育资源中心"成为每个彩虹娃成长的乐土。

学校环境升级，由学生作为校园小主人进行创意改造。

**会变身的校门**——学校有一扇会变魔法的校门。校门变身已经成为校园的一道亮丽的风景线。一年一个样，全由"小小市西娃"和教师们携手合作，亲手创作。

美术教师带领着学生开动脑筋，第一次校门变身为色彩明丽的"天空之门"；第二次变身为环保主题的"森林之门"；第三次改装，以上海风情为主，并加入了地标性建筑——静安寺，称为"景观之门"。

这三轮校门改造，是美术学科日的一个创意，不仅牵动了全校每个学生的心，成为校园艺术节的一部分，还引起了上海国际艺术节组委会的关注，组委会派来了现代艺术家，和学校组队，共同以绘画的形式创意展现了校门改装的历程。

2019年适逢中华人民共和国成立70周年，全校600名学生，为校门改装画下了各自设计的草图，经过评选后，确定将城市变迁、交通出行、科技文化、自然环境四个元素融入其中，使用多元化的环保材料，立体地呈现了祖国发展的辉煌成就，主题取名为"筑梦·未来"。这次的校门改造，获得了第21届上海国际艺术节的"最佳创意奖"。

**会讲故事的墙壁**——2020年，学校进行了升级改造，当年"开学第一课"的主题词是"变化"。教师让每个学生在感受校园新变化的同时，也请他们为盈翠廊旁的一堵空白墙面做小小创意师，学生绘制出一幅充满童趣的墙面长卷，其中一幅幅小小插画，展现了他们的校园生活故事。

**会说话的走廊**——教学楼的走廊里，处处都是学生的创意手作，叮咚绘本廊的"文明提示卡"是一年级学生手绘创作，雅志楼廊道转角处巨幅的"东方明珠""上海风情"等乐高作品都是五年级学生毕业季的杰作，书架上的节气日历是"中华瑰宝乐传承"主题活动的学习成果……《少年日报》为此进行了专题报道。

## 2. 校园环境添"色彩"

融合教育背景下的环境要具有缤纷色彩,给人以一种舒适、温暖的感觉。学校以"彩虹"为特征,在校园环境设计中融入了教育色彩学,通过对不同颜色赋予不同的意义象征,给予学生具体的感受和启示。

2020年,学校进行升级改造后,全校师生从六个方案中投票选出了学校LOGO,这是由赤橙黄绿青五彩笔画组成的一个"西"字,象征着德智体美劳五育并举,也代表着市西小学主要是由五所学校合并而成,这所学校里有五个年级,生活在这所学校里的每个人都有不同的个性、不同的天分,就像五个不同色彩的笔画,有各自的美丽,大家相聚在同一个校园里,成为彼此支持、携手同行的伙伴。这个校标,充满了融合教育的意味。学生对校标进行了创意变形,设计了卡通形象——"小小西"(见图5-1)。校园五座楼宇的外立面上有了读书的"小小西"、运动的"小小西"、画画的"小小西"、劳动的"小小西"和跳舞的"小小西",正对大门的志正泉边也站了一个神气的"小小西",它将陪伴着市西小学的学生一路成长。

**可爱的小小西**

图5-1 学生设计的校园卡通人物——小小西

此外，进入校门，左边的垂直绿化墙里也隐藏着用五种色彩的植物拼出的校标，成为校园一景。

教学楼门口的"心语"信箱旁有三色预约卡，而心理教师是学生的知心姐姐，她告诉大家，红色预约卡代表最紧急，急需到"心悦坊"向知心姐姐倾诉；黄色表示最近有点不开心，要跟老师聊聊；蓝色表示想参加心悦坊体验活动，玩玩沙盘游戏等。

五层教学楼内的五条年级走廊也分别以赤橙黄绿青为主题色调打造。

色彩的加持，让学校的融合文化明亮而温暖，给予学生积极的心理暗示。

3. 班级环境多"友好"

班级环境建设是学校融合教育文化建设的缩影，更是践行融合教育的载体之一。长期的理念浸润，让教师自觉地带着融合教育思想，创设班级环境，让所有的学生都能在儿童友好环境中享有优质、包容的教育。

低年级教室壁报上的赞美树，每一片树叶上都是来自教师、伙伴"走心的"言之有物的赞美，每一个学生都能找到属于自己的那片叶子，也会用心发现，把赞美送给身边的伙伴；高年级教室里的"悄悄话"信箱，是学生跟教师交流小秘密的通道，满载着师生间的情谊与信任。

三年级的学生开始逐步感知复杂的情绪类型，也可能产生更多的负面情绪。教师在班级里设计了"烦恼袋"，让学生把烦心事都写在纸上，然后放进烦恼袋子里面。一写一放，很多学生就已经把部分负面情绪排解掉了。如果愿意，还可以与教师分享"烦恼"，这样一个烦恼一人一半，就变成"半个烦恼"，教师的倾听给了学生最大的支持。

五年级的学生处于青春萌芽期，身心快速发育，精力充沛，课间常出现肢体冲撞。为了满足学生"爱动"的需求，教师设计了一系列活动，如"乒乓大对战"、桌面手势舞等，缓解上课疲劳，为下节课蓄力；心理教师还会带着学生"正念冥想"，以静制动，积蓄正能量。

环境创设，是融合教育的必要条件，也是融合教育的表现方式。环境色彩，是融合教育的特征显示，也是融合教育的特色呈现。从校园到班级，环境的"加法"和色彩的"加持"，让"友好型"的融合校园更温馨。

## （二）人际环境融人文

学校是一个小社会，学生与学生之间、教师与学生之间都会产生人际关系。人际环境融人文突出尊重和关怀。

### 1. 营造融合的人文环境

市西小学的校级活动，原则之一是"一个都不少"。六一、国庆演出，人人登上舞台；"校园之星"活动，人人皆可报名。于是，孤独症孩子的个人画展，ADHD孩子的乐器表演，阅读障碍孩子的手工作品……都在学校"星空间"的展厅中赢得了师生的赞誉。

此外，学校还设计了多样化的实践活动，引导普通学生接纳特殊教育需要的学生融入集体，同时也帮助所有学生理解社会的多元和世界的多彩。如一年级限定拓展课程"独一无二的我"、三年级主题综合活动"身边的360行"、四、五年级的主题实践活动"交换空间""走进南阳学校"都深受学生欢迎。

以五年级主题实践活动为例，师生们走进特殊学校——南阳学校，利用教育戏剧的方式讲述绘本故事，开展反向融合活动。活动共分四个阶段，第一阶段"科普宣传，打破原有观念"。在活动前推荐阅读介绍特殊教育需要儿童的绘本，利用集体阅读、影片欣赏、头脑风暴等形式，认识各类特殊需求儿童。第二阶段"切身体验，激发真情实感"。将学生带到南阳学校，和那里的小伙伴一同上课、一同生活。又通过体验活动，如闭目行走、非优势手写字、轮椅前行、手语交流等，让普通学生感受到这些小伙伴的不便，激发更深层次的共鸣。第三阶段"设计戏剧，增加融合机会"。把绘本故事进行戏剧改编，让特殊需求儿童从视觉、听觉、动觉等多种渠道去感受故事传递的情感，从时间空间等多个维度去理解绘本的意义。第四阶段"拓展活动，丰富互动形式"。为了加深对绘本的理解，在阅读活动后，都会有一次动手活动。由普通学生帮助特殊需求儿童制作绘本中的意象，并用自己的话讲一讲发生了什么故事。动手活动包括拼贴画、涂色、描画、拓印、制作幻灯片、剪纸等。

这样的融合活动不仅能够提升南阳小伙伴社会交往、同伴互助、社会适应等能力，也大大提升了普通学生对差异的接受和尊重，教会他们与特殊需求伙伴如何相处；完善了普通学生的世界观和价值观，更好地促进了个体的身心发展，提升了自我价值认同感，也让他们更加珍惜和热爱自己的生活。

2. 倾听儿童的内心需求

学校注重精心设计小而美的时刻与空间，努力激发起每个学生的心理和情绪的能量。

学校"彩虹阅读坊"门口有一个漂亮的红色邮筒，这可不是装饰物，它最早的用途是收集"校长书柜"的预约单。每周二下午，想到校长书柜借书并与校长一起看书、聊书的学生，可以把写满个人预约理由的活动单投进邮筒。可是有一次，教师在一堆预约单中发现了一张小纸条："每次大课间，我们班总是第一个到操场，要等20个班都到齐了才做操，等啊等，太无聊啦！"

大队辅导员将这张纸条交给了儿童自主管理委员会。委员们在儿童议事厅讨论了两个中午，决定在各班进场的五六分钟里，请不同年级的同学上台唱音乐课上学的歌，这样等待的班级能在下面一起唱，每天都有集体演唱会的候场就有趣多了。舞台的主持、统筹、舞台监督都是学生自己安排。不仅如此，后来儿童自管会还组织了一批红马甲志愿者设计大课间进退场的方案和路线，更合理地减少了等待时间。

如今，这个邮筒的功能更加多样：乐于为校园生活出谋划策的学生会把给大队部的金点子建议卡投进去；希望成为"校园机会榜"志愿者的学生会把意向单投进去……

学校积极倾听儿童的声音，把他们当作平等的权利主体，帮助他们实现发展权，并鼓励他们对自己的生活负责。

3. 创生多彩的校园文创

市西小学每年都会推出学校的文创产品：节气书签、校园十大场馆明信片、手绘环保袋、扎染围巾、校园导览手册、儿童诗明信片……这些文创产品都是学生结合课程和主题活动创作的作品，彰显着学生幸福、多彩的校园生活，体现着彩虹学校的人文情怀。

融人文，使环境更具内涵和温度。人际环境的融人文，关切师生在校的体验和感受，是融合教育从教育走向幸福的桥梁。融人文，体现的是教育思想，折射的是教育情怀，传递的是教育温暖。

## （三）融汇制度"保障阀"

融合教育是一个系统工程，予以制度化的保障，是使之延续、深化的重要条件。制度的持续性、稳定性、可操作性，为融合教育落地提供了基础性、必要性的保障。

### （一）制度化为融合教育铺轨

融合教育是学校实现办学愿景、践行办学理念的一条最优途径。因此，在学校的新四年发展规划中将融合教育纳入顶层设计，以学校发展规划的形式，保障融合教育的有效推进。

#### 1. 制度建设重在规范

制度的地位在于规范。制度建设是融合教育理念与学校教育实践紧密嵌合的有力保障。在总结以往工作流程的基础上，学校对特殊教育需要学生的筛查和举荐流程，以及融合教育工作机制进行了梳理，并以学校规章制度的形式，指导教师在教育教学行为中落实融合教育，为融合教育的有效实践奠定基础。

一是完善融合教育工作制度，规范工作流程。在区特殊教育三年行动计划的指导下，学校对原有的资源教室管理制度和随班就读工作制度进行了完善，拟定了《学校融合教育管理制度》《融合教育教研制度》。与原有的制度相比，新制度强调了融合教育的发生场域不局限于资源教室；同时丰富了融合教育参与主体，强调人人都是融合教育工作者，人人都应参与到融合教育实践中。

另外，根据区特殊教育指导中心的要求，拟定了《爱+融合教育发展中心服务章程》，确立了片区式资源中心的服务对象、服务内容、服务流程、组织保障等方面的具体安排，以便为周边学校提供更优质的服务。学校"爱+融合教育发展中心"自成立以来，已累计为兄弟学校提供巡回指导近200小时，个案咨询80余次，个案干预上百小时。

二是建立特需学生举荐制度，早发现、早干预。特需学生的发现和举荐是个别化教育开始的第一步，也是关键一步。但一般情况下，对特需学生的干预如果是在入学后进行，往往会错过最佳介入时间。为此，学校制定了《特需学生幼小衔接举荐制度》，秉承早发现、早介入、早干预的原则，指导家长充分准备，帮助学生顺利转衔。制度中规定了特需学生幼小衔接的重要时间节点、措施及责任主体，辅以幼小衔接流程图，方便参与的各方知晓转衔进程，规范操作程序。比如每学年第二学期初，学校与对口幼儿园联系，资源教师进入幼儿园观察摸底。对可能存在特殊教育需要的学生，在每年6月发放录取通知书时与家长取得联系。之后在暑假给予学校生活适应指导，根据学校自编的指导手册，从认知准备、物品准备、身心准备等角度，帮助孩子幼小衔接。9月开学前组织多次校园开放，让学生提早适应校园生活。开学后弹性优化在校时间，允许学生适时休息。

对于入校后才发现的特需学生，学校制定了《特需学生的教师举荐制度》。该制度除规定举荐的时间节点和注意事项外，还特别强调了学科教师、班主任须在2个月内进行多次补偿教学或教育无效后，方可将其举荐至学校融合教育工作小组；同时在后续的干预中，学科教师和班主任也肩负着重要责任。

2. 制度建设重在促进

制度的作用在于促进。2021年1月，静安区教育局发布了《静安区融合教育行动纲领（2021—2025）》，明确指出，普通学校是实施融合教育的责任主体。为了最大限度地履行职责，学校在融合教育理念指导下，修改完善了学校发展规划，立足现有优势，锚定发展目标、制定实践措施、建立保障制度、开发多种资源，努力实现普特融合。

为此，学校制定了三项相关制度：

一是全员参与制度。《市西小学教师行动纲领》中明确提出："学生只有差异而没有差距，要尊重个体、呵护个性。"为此，由校长牵头成立融合教育推进工作组，工作组中包括分管副校长、教导、资源教师、心理教师、卫生教师及特需学生所有执教教师。全员参与制明确融合教育的责任主体在于全体教师，最大限度地调动人力资源，参与融合教育实践。

二是日常管理制度。为保障日常有效管理，在《静安区特殊教育三年行动计划（2022—2024年）》指导下，学校制定了《学校融合教育管理制度》《融合教育教研制度》《爱+融合教育发展中心服务章程》。此外，秉承早发现、早介入、早干预的原则，制定《特需学生幼小衔接举荐制度》和《特需学生学科老师/班主任举荐制度》。

三是激励奖励制度。学校在年终推优制度的九大指标体系中，提高了"参与融合教育"指标的占比权重，使得积极参与融合教育的教师很可能脱颖而出，成为当年度的考核优秀者，获得绩效奖励的倾斜。

### （二）制度型为融合教育保驾

制度的设计和出台，为融合教育在学校的实施起到了统一认识、凝聚人心、端正态度的作用。

#### 1.制度建设促进价值观形成

制度建设，不仅让融合教育回归本原，而且使学校价值观得到强化。这几年，学校也逐步从制度建设走向文化引领内涵发展，力求凝聚共识，营造良好的融合教育校园生态。

为此，学校循着制度建设的轨迹，推出了彰显教师价值观、融合教育学生观的"市西小学教师行动纲领"；开设了以"表达专业精神，传递昂扬力量"为导向的"师说新语"每周微论坛；推选了以"发现身边感动，积淀学校文化"为主旨的"月度人物"；进行了以"学习育人之道，点燃理想之火"为目标的"经典共读"；开展了以"体现人文关怀，聚合团队温情"为要义的"伙伴生日派"活动。

全体师生在长期教育实践中积淀、创造出共同遵循的价值观、精神风尚、行为准则，将为学科建设、科研发展、人才培养等各方面实施内涵式发展提供坚实的思想保障。

#### 2.制度建设促进教育转变

制度建设促使教育理念转变为教育方式和教育行为。

学校认为，要实践"办一所惠及每个孩子的彩虹学校"的办学愿景，就一

定要让学校成为"个性化赋能平台",而不是"标准化的教育平台"。为此,学校还提出"三个倡导、三个转变",即:

倡导"容错—融错"的化错教育,变"事故"为"故事";

倡导关注个体,温暖每一个的赏识教育,变"差距"为"差异";

倡导开展有专业策略的融合教育,变"特殊"为"特需"。

## (四) 融建活动"设计圈"

推进融合教育的重要任务,就是要积极探索一体化教育场域下,既能满足集体教学统一质量要求,又能适应学生"广泛个性差异"的教育活动。

融建活动的"设计圈",就是对融合教育的过程化、精细化。

普通课堂是学生最主要的成长场域,也是融合教育实践最重要的场所。因此,学校秉承通用设计理念,以课堂为主阵地,为学生创设融合活动机会。

### (一)构建多元化教学环境

学校不仅会给有特殊教育需要的学生提供合适的桌椅,使他们更方便地参与到课堂活动中,还会利用各种教具、学具、辅助技术和教材,通过视觉、听觉、触觉等多种方式吸引他们的注意力,帮助他们真正理解和掌握知识;同时给予他们情感上的鼓励,让他们感受到被接纳和尊重,从而营造支持性的学习环境。

### (二)采用多样化教学策略

普特融合的目标之一,就是要找到适当的教学方法,为有特殊教育需要的学生提供适切的教育,让他们的潜能获得发挥,也获得成功的体验。为此,学校在教学实践和融合教研中针对不同类型的特殊需求学生研究逐步形成了多样化教学策略。

如面向认知障碍的学生采用结构化教学,让学生处于稳定有序、可预测的环境中学习,通过呈现流程图让学生清楚地知道,接下来要做什么;面向学习障碍学生采用伙伴助学法，提供助学清单，让四人小组中的其他三名助学伙伴有具体分工，每个人的助学任务少而精，既能帮助到同学，又不过多占用自己的时间，还能巩固自己的所学；面向注意力缺陷的学生采用多感官教学，色彩鲜艳的图片、动听的音乐、可触摸的教具都会提高他们学习的兴趣和参与度；针对阅读困难的学生，指导他们运用视觉想象，在脑海中播放叙述性文章的画面，有利于他们记忆、回想阅读的内容；面对情绪障碍学生，课堂上每次只发出一条指示，并鼓励他们发问，注重运用非口头提示（眼神、动作、手势等）进行沟通。

大多数有特殊教育需要的学生认知能力较差，思考多依靠形象思维，抽象的问题，诸如数理逻辑等，对他们而言非常困难。因此，需要特殊的媒介，将抽象的知识形象化，帮助他们更好地在普通课堂中学习。为此，学校数学教研组尝试在低年级数学课堂中引入个性化的教学方法——蒙氏教学法。在这样通用设计的课程中，精巧的教具、实际的操作都能为随班就读学生提供帮助，同时也能惠及普通学生。

（三）提供个性化学习支持

"爱+融合教育团队"为有特殊教育需要的学生制订个别化教育计划，解决核心问题。教师们利用通用设计理念，分析学生特点、现阶段发展需求、目前学校条件，设计具体活动，选择活动形式，最后完成活动实施。

截至目前，学校为有特殊教育需要的学生设计了高位感统活动、多感官数学活动、毕业转衔活动等多个特需活动。2021年1月，中国国际电视台（CGTN）对学校的融合教育活动进行了报道。

## 第六章

# 课程教学：
# 融合教育生态发展的根基活力

课程教学是教育的主阵地,也是实施融合教育的主战场。要使融合教育在学校扎下根基,课程教学既是实现载体,也是攻坚地带。

## 一 融合教育视域下的课程设置

市西小学的育人目标紧扣中国学生核心素养的关键要素,在五育并举的课程体系中,以国家课程固本培元,地方课程传承体验,校本课程适性扬才,通过课程建设,促进每位学生全面而有个性地发展。支持系统的四大支柱保障课程的有效实施,进而助力育人目标和办学目标的实现(见图6-1)。

可见,要使融合教育在学校扎下根基,课程教学既是实现载体,也是攻坚地带。

尊重每一个学生的全面发展权和特殊需求权,将学生的差异视作宝贵的教育资源,努力为每一个有特殊需求的学生提供专业的个性化教育与服务,必须从课程对学生成长的满足和丰富性的角度展开谋划。

义务教育新课程新教材实施工作成为学校融合教育视域下课程改革与发展的重要抓手和途径。

### (一)深化学校课程的结构性变革

学校深化"课程的结构性变革",将国家课程的校本化实施、地方课程的适切性开发与学校课程的个性化运作相结合,着眼于学生核心素养的培育,立足儿童本位,满足学生不同的学习需求,不断促进新建课程的创生,形成课程组群化发展,推进具有校本特色的课程建设,从而构建满足学生全面而有个性发展的课程结构。学校通过三类课程的相互融合与交叉渗透,使课程体系形成结构化整体发展的内部动能,拓展学生课程的学习空间,为学生提供更丰富广阔、更生动积极的学习经历与体验,激发学生的创造力,促进学生的多元发展。

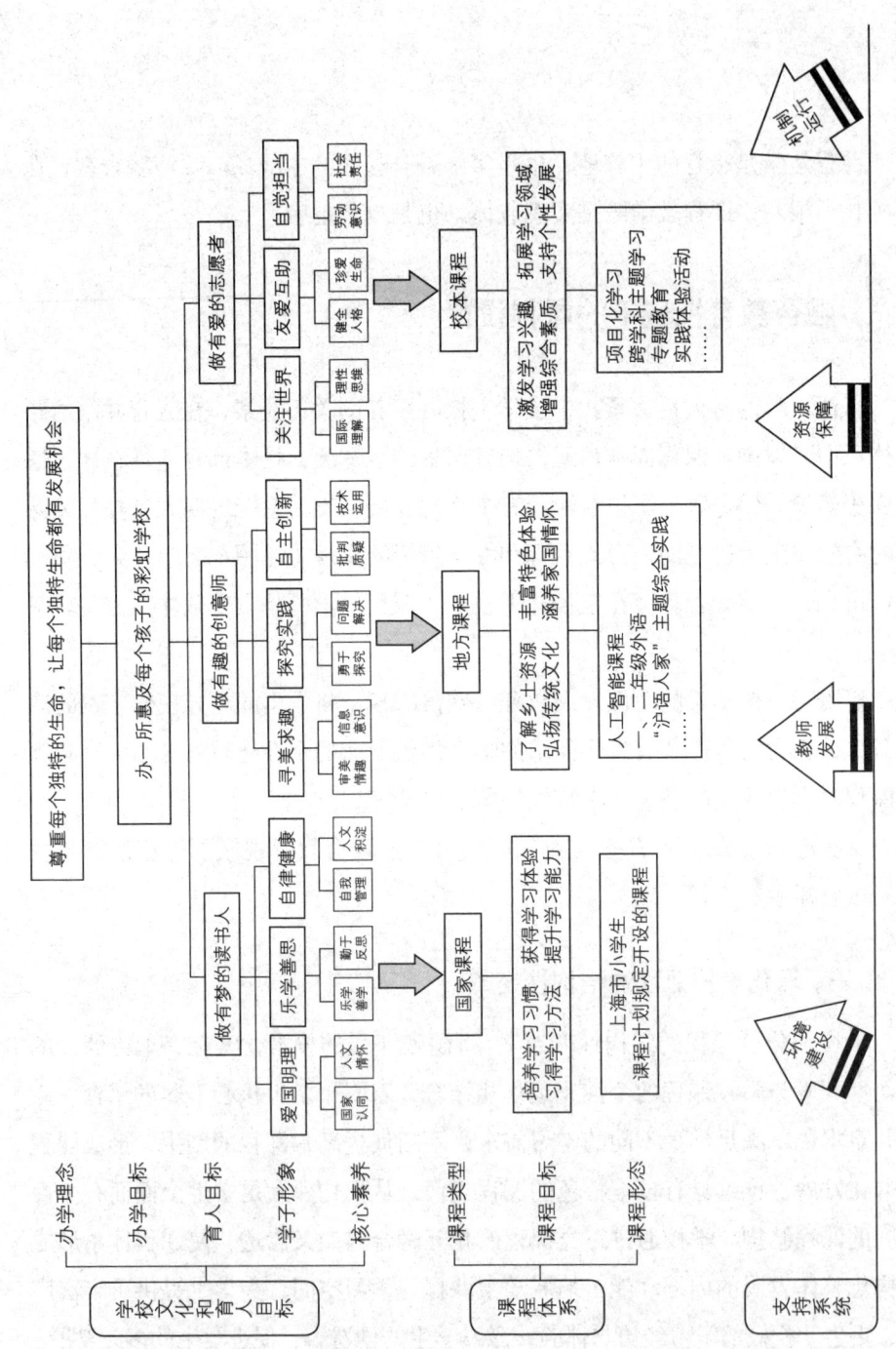

# 从"这一个"到"每一个"——一所普通小学创造性实施融合教育的探索与实践

**图 6-1 市西小学办学顶层设计图谱**

"双新"背景下，学校一是对标《国家义务教育课程方案（2022年版）》，进一步完善"彩虹桥"课程群，围绕国家课程的育人目标，整体架构学校课程，处理好国家课程和校本特色课程之间的关系，建立和明确国家、地方和校本课程的实施途径、评价内容和方式；以打造特色课程为突破口，根据学校的育人目标，结合各学科核心素养要求，多维联动，确立支撑学生全面发展的跨学科课程内容和教学方法，形成"纵向贯通"+"横向融合"的学校"彩虹桥"课程体系。二是进一步优化教育教学方式，积极整合课程资源，探索国家课程校本化实施路径，形成适合本校学生的学习策略，关注学生的学习体验与个体差异，引导教师在教育教学过程中识别、发现、回应、满足学生需求；同时，持续完善学校质量综合评价体系，以评价促进教和学行为的真正变革，促进学生全面且有个性地发展。

### （二）强化国家课程的高质量实施

#### 1. 编制课程纲要和学习设计，落实课程标准

各学科教研组依据学校课程实施方案，按照学科课程标准、教材，研究学情与相关学科教育教学资源，科学编制学期课程纲要。鼓励各备课组把自己年级的教学目标，细化为"基础目标""发展目标"和"特需目标"。"基础目标"按新课标要求制定，"发展目标"确立为各学科开展的项目化学习目标，"特需目标"由融合教育团队确立高阶思维目标和挑战性学生需求目标，以满足不同学生的学习需求。

根据新教材内容，撰写大单元学习设计，包括单元名称与课时、学习目标、评价任务、学习过程（含资源与建议）、作业与检测、学后反思六个要素。

#### 2. 探索课堂有效教学策略，实现课堂新样态

（1）强化单元意识，形成整体思维方式。

（2）注重情境创设，提升主动探究能力。

（3）关注问题设计，激发学生思维发展。

（4）提供学习支架，满足不同学生需求。

（5）倡导小组合作，促进互助主动学习。

（6）强化过程评价，激励学生学习兴趣。

以六条策略（单元促思、情境探学、问题激思、工具引领、合作共赢、评价激趣）构建"以生为本"的课堂新样态。

3.关注个体差异和个性化指导，实现因材施教

（1）针对高支持需求学生，备课时有分层设计，课堂中给予个别化指导。

（2）借助"三个助手""深瞳优评"等数字化手段，采集并分析数据，给予跟进式指导。

（3）利用课后服务时间，开设"智慧加油站"，为学习有困难的学生答疑解惑，为学有余力的学生提供升级版练习指导。

4.关注作业设计与实施，实现减负增效

（1）提高设计能力：教研组每月一次专题交流，学习相关文章，分享个人作业设计，展开头脑风暴。期末开展"练习命题设计"的教师基本功比赛。

（2）优化作业设计：教研组自查杜绝重复性、机械性作业，增加创造性、实践性作业，提升学生的学习兴趣及解决问题的能力。

（3）进行作业调整：面向高支持需求学生进行多维度作业调整——

①作业提交时间延长

②作业呈现形式调整（如放大作业的字体和图片，以语音形式呈现作业内容，拉大题目的行距，提供额外的范例，给予支架式导语……）

③作业内容调整（如作业难度适切化，删减超出学生能力的练习，提供可选择的习题……）

④作业完成形式调整（如以录音方式提交作业，以电脑录入方式呈现作业……）

⑤作业量适当化（如减少同类型练习，作业分割成多个小练习分时段完成……）

⑥作业评价调整（如评分标准个性化，一对一面批指导订正，一次性订正正确给予等第进阶……）

（4）落实作业管理：每天进行作业公示，由学科教师、备课组长、班主

任、年级组长、教导处层层把关作业的难易程度和总量，确保不同学习能力的学生，学业负担合理。

（5）体验成功收获：各学科每月推选出有进步的学生作业、笔记在楼道展览，让学生体验到学习的快乐与收获。

5.系统设计综合实践活动，实现素质提升

综合实践活动课程是基于学生经验，密切联系学生的生活和社会实际，体现对知识综合运用的课程，更强调学生对实际的活动过程的亲历与体验，以有效培养和发展学生的探究精神、解决问题的能力和综合实践能力。

学校将综合实践活动与班团队活动整合起来，进行系统设计，侧重跨学科研究性学习、社会实践。活动主要围绕"文化瑰宝乐传承""两季三礼见成长""缤纷节日展风采""专题教育增才干"四条主线展开，同步进行生动的品格塑造教育，丰富学生的成长经历，提升学生的综合素养（见图6-2）。

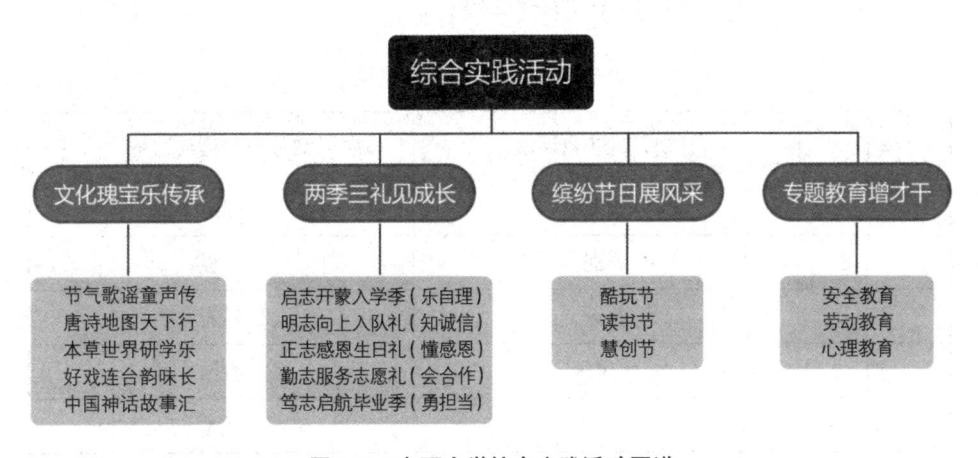

```
                    综合实践活动
    ┌───────────┬───────────┬───────────┐
文化瑰宝乐传承  两季三礼见成长  缤纷节日展风采  专题教育增才干

节气歌谣童声传   启志开蒙入学季（乐自理）  酷玩节    安全教育
唐诗地图天下行   明志向上入队礼（知诚信）  读书节    劳动教育
本草世界研学乐   正志感恩生日礼（懂感恩）  慧创节    心理教育
好戏连台韵味长   勤志服务志愿礼（会合作）
中国神话故事汇   笃志启航毕业季（勇担当）
```

图6-2 市西小学综合实践活动图谱

（三）优化校本课程的创新性实践

1.优化流程管理，完善开发实施

学校优化流程管理为：初期申报—部门审核—推出课程—学生选课—选中开设—流程监控—成果展示—评选优课，明确各阶段工作要求和实施流程（见图6-3），建立部门审核机制，不断提升教师的课程开发和实施能力。

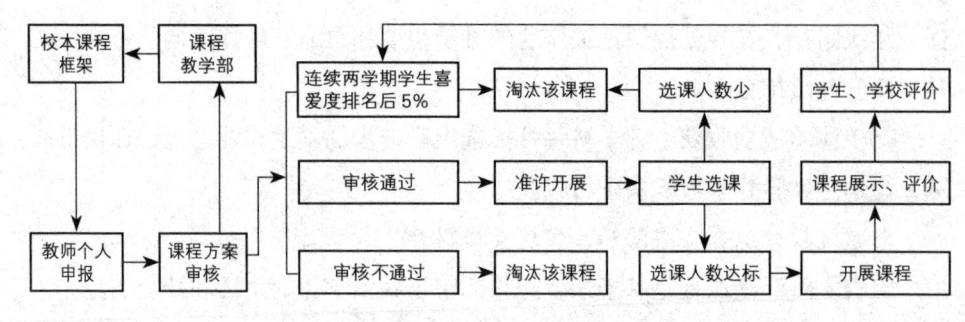

图6-3 市西小学校本课程管理流程

**2. 定期反馈评价，满足不同需求**

学校借助数字化平台组织学生选课，定期了解学生的需求和对课程的评价，不断优化课程，满足学生的不同需求。

例如通过对不同年级学生的调研，学校形成了系列化的艺体课程（见表6-1），让学生获得了更丰富的学习经历。

表6-1 市西小学艺体课程

| 年级 | 艺海无垠美育课程 | 炫动酷儿运动课程 |
| --- | --- | --- |
| 一 | 折纸 | 轮滑 |
| 二 | 彩泥 | 滑板 |
| 三 | 剪纸 | 攀岩 |
| 四 | 水墨画 | 游泳 |
| 五 | 动漫 | 武术 |

**3. 探索学习方式，扎实推进实施**

学校探索通过跨学科学习、主题综合活动、项目化学习等方式实施校本课程。如主题文化课程《中华瑰宝乐传承》第三季的实施内容是"中华节气话本草"，这次以年级组为单位实施，每个月都安排年级组研修推进项目的进程，最终形成了各具特色的项目研究成果（见图6-4）。

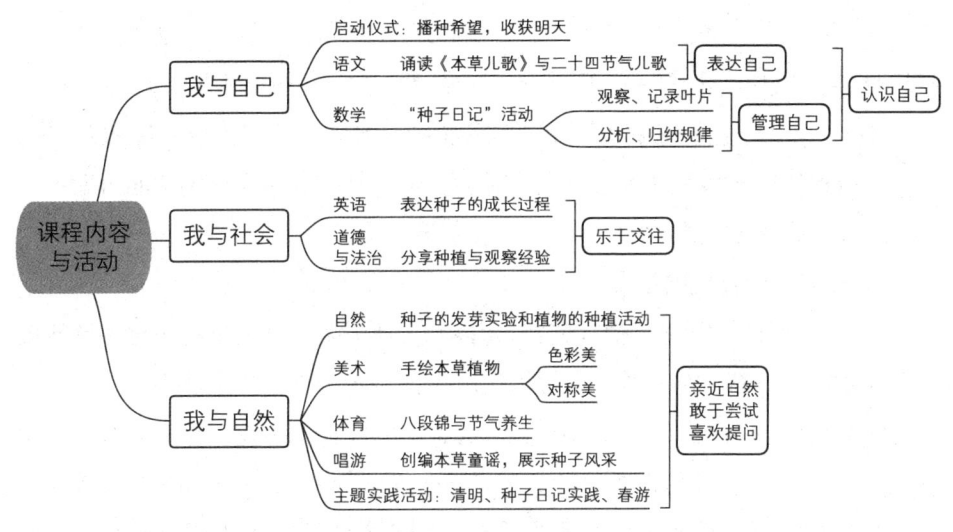

```
课程内容     我与自己 ─┬─ 启动仪式：播种希望，收获明天
与活动            ├─ 语文    诵读《本草儿歌》与二十四节气儿歌 ── 表达自己 ┐
                  └─ 数学 ─┬─ 观察、记录叶片                              ├─ 认识自己
                          │  "种子日记"活动                              │
                          └─ 分析、归纳规律 ── 管理自己 ──────────────────┘

            我与社会 ─┬─ 英语        表达种子的成长过程
                     └─ 道德        分享种植与观察经验 ── 乐于交往
                        与法治

            我与自然 ─┬─ 自然    种子的发芽实验和植物的种植活动
                     ├─ 美术    手绘本草植物 ─┬─ 色彩美        ┐ 亲近自然
                     │                       └─ 对称美        │ 敢于尝试
                     ├─ 体育    八段锦与节气养生                │ 喜欢提问
                     ├─ 唱游    创编本草童谣，展示种子风采      ┘
                     └─ 主题实践活动：清明、种子日记实践、春游
```

图6-4 一年级主题综合实践活动"小种子 乐成长"

（四）细化学校课程的多维度评价

1．改进对学生的评价

（1）国家课程评价基于学业质量标准

依据上海市中小学学业质量绿色指标评价体系以及"学生成长评价"的内容，建立学生全面评价指标。各个学科根据学生成长手册中制定的评价内容和标准，从学习习惯、学习过程、学习成果三方面对学生进行评价，其中学习成果的评价是根据学习内容采用分项的等第制评价。

（2）校本课程评价注重过程表现和实践能力

关注学生解决真实问题的过程表现，用过程性评价鼓励学生的过程性成长，根据学生不同情况，采用差异化评价，帮助不同层次的学生都能获得成功的体验。

（3）建立数字化成长评价体系

精准评估是融合教育活动的起点，更是重点。新课标强调的"教–学–评"一体化教学设计，也把教育教学评估置于相当重要的地位。为此学校开展了评价实践：

① 指向教学提升的精准评估

主要是对特需学生乃至全体学生的各类数据横向和纵向两个维度的解读。

横向解读可以从板块、题型、知识点、能力等不同角度出发，观察学生个体在对应群体中的相对水平，发现问题，找准改进方向。纵向维度，可以跟踪学校、学科、班级在历次调研中的学业质量数据的变化情况；也可以跟踪学生在历次调研中的发展变化情况，尤其是重点关注特需学生和在学科能力上不均衡学生的动态变化情况。

② 指向全面发展的德育评价

除了学业评价以外，深化融合教育内涵，还需要一套完善的教育评价体系来对学生的德、智、体、美、劳方面进行全面评价，帮助学生认识自我、建立自信，从而激发内在动力。2023年4月起，从办学理念出发，在育人目标"做有梦的读书人、有趣的创意师、有爱的志愿者"的引领下，学校课程教学部与学生发展部联手，从五育并举的维度，精心设立了"小小西争彩章"评价体系，勤学章、乐探章、阅享章、慧创章、乐活章、明礼章、乐行章，将学生的思想道德、文化知识、体育技能、艺术素养和志愿服务等纳入评价，以集章晋级兑换徽章的方式，激励和促进学生全面而有个性的发展，争做睿博（Rainbow）好少年。争章过程贯穿整个学年，学生通过争章学会反思，得到提升，不断完善自我；教师通过平台的数据反馈定期总结，以评价促进教师教育教学行为的优化。

2. 完善对教学的评价

（1）课程纲要文本评价

学校课程管理小组定期对各学科学期课程纲要、教学进度、单元学习设计、作业公示等文本材料进行评价，评价其是否符合课程标准要求、符合学生学情。

（2）建立激励与展示机制

组织教研课，星级教师、新任教师展示课、"阳光杯"教学比赛，并配以教学研讨、分析、答辩，在展示和点评中提高教师对"双新"背景下"一堂好课"的认识，在反思研讨中提升教学能力。

（3）健全校本教学研究制度

完善教育教学上的业务考核指标，完善教师学术积分制，从课堂教学、科研、听课学习、教研活动、交流发言等多方面培养教师树立成果意识，督促教师根据校本研修主题开展研究，积累研究资料，提升自身素养。定期开展学生学习负担、学生对教师及学科喜爱度等情况的调研，形成对教师的综合评价。

（4）学术团队促进教学评一致

学校建立练习审核学术团队，明确练习设计须紧密联系社会实际与学生生活经验，强调综合运用知识分析解决实际问题的能力，体现"教-学-评"一致性，推进"双新"实施和课堂转型，促进学生核心素养的发展。

（5）建立校内调研制度

组建校内调研团队，设计市西小学一日调研表、流程表等；定期开展一天一个年级的校内全面调研。从备课、课堂教学、作业观察、教室环境、一日学生活动、高支持需求学生的课堂参与情况、家长访谈等方面全方位观察。调研后及时反馈，在促进教育教学质量稳步提升的同时，关注特需学生获得的课堂支持。

## 二、融合教育理念下的教学管理

近年来，学校积极指导教师开展"双新"与"双减"背景下的学习指导研究与实践，推动和实施新课标理念下的课堂学习方式改革，打造以学习为中心、发展学生核心素养的课堂新样态。课程教学部严格执行有关减轻学生过重课业负担的规定，落实机制，结合教学五环节，真正促进"以人为本"的培养模式，实现减负增效。各学科分管行政深入备课组、教研组，深入课堂，制订各学科教学质量改进方案；平时加强教研组建设，指导教研组长、备课组长开展教学研究活动，提高活动实效；鼓励教师积极参加各级各类教学研究活动，自觉钻研教材教法，努力改进教学方法，提高教学效率，提升教学的能力和水平。

（一）教学管理有保障

学校建立健全了课程教学管理制度，制定了"课堂教学质量常态管理制度""定期质量分析反思与改进机制"等，以制度保驾护航。学校每年组织

"阳光杯"教学比赛,紧扣研修主题,在实践中探索真正有效的课堂转型途径。重视教研组长、备课组长能力的提升,定期开展有针对性的培训,每月有考评,年度有推优。

1. 做好计划小结,工作思路清晰

学校根据上海市教委要求和区域要求制订学校工作计划,各部门计划通过多次讨论商定后,部门负责人在全校层面解读计划后下发给每个教师,让教师们工作有计划性。每学期各部门对照计划做好小结工作,做好工作经验的提炼,并进行反思,以待后续工作能更好完成。

2. 重视基础管理,解决实际问题

学校各部门在制订计划时,既能围绕学校四年发展规划,又将最新教育教学精神作为指导思想,并结合本校教职工及师生的情况,制订出针对性强、操作性清晰的计划。每次的计划分成常规工作、重点工作和特色工作三部分展开,每部分都有显性的达成标志,并定期检测完成情况。

3. 健全管理制度,落实责任机制

学校建立了上课、备课、作业、练习、辅导等方面完备的管理制度,制定教育部五项管理的分项目的要求,建立了落实这些管理制度的责任机制,包括教导主任、教研组长、备课组长责任分工明确,以及每月考核绩效奖励明细。

备课:注重三轮备课,单元集体备、课前重点备、课后反思备。除了备文本,备教材,更要备学生。同时,通过"合—分—合"(合——组织学习,分——分头实践,合——组织研讨)的研究模式开展课例研究。低年级课堂注重以游戏包装教学,激发学习兴趣,中高年级立足素养本位,深研问题设计,提升课堂教学效益。

上课:精准落实课程标准及教学目标,不随意拔高或降低教学要求,坚持以课堂教学实践落实研修所得,在课堂中促进教师理念的变革与突破,关注学生学习过程中的习得效果,关注学生拓展性思维能力的培养,提升学生学习品质,让课堂向学生的学堂转变。

作业:做到规范作业来源、科学作业设计、统筹作业总量、合理布置分层作业、有效评价反馈等方面,基于单元目标、课时目标和学生学情,从单元整体角度设计单元作业和单课作业。对于作业的评价则采用"等第+评语"形式,倡导采用"面批"制,发现问题及时面对面辅导,体现评价的即时功能。同时,积极建设校本作业资源库,将作业的设计纳入整体的教研体系,系统设计出既符合学生年龄特点和学习规律,又体现素质教育导向的校本作业、寒暑假生活指导手册。

辅导:精心实施个性化培优补缺。学校引进数据平台,定期对练习结果进行细致分析,更精准地把握学生学习的困难点、薄弱点,使得针对性推送练习、进行个别化辅导和改进教学有了科学依据。学校在课后服务时间利用"学习时刻""智慧加油站"志愿服务等有效途径跟进辅导。

评价:积极推行等第制评价机制,从学生的学习态度、学习习惯、学业成果等维度,不同学科针对不同模块对学生进行"等第+评语"相结合的分项评价,在日常教学、作业、辅导、展示等过程中发挥评价融入教学、评价促进学习的功能,注重学习过程的全面评价,力求做到"科学、合理、全面、积极"地评价学生。

## (二)校本研修有实效

1. 主题引领,加强研修。学校聚焦核心素养,各学科教研组先后在全国教育科学"十三五"规划教育部重点课题的子课题和学校龙头市级课题的引领下,围绕学生的学习方式、教师的教学策略、作业的设计与实施策略展开全员主题研修、学科组专题讨论、骨干引领示范等教研活动,真正解决教育教学中的实际问题,有效落实"双减"政策。

2. 专场展示,探索实践。围绕研修主题,课程教学部组织教师展开实践,每学年一场星级骨干教师专场,先行示范;每学年两场"阳光杯"教学赛,还有新进教师专场、普特融合专场,都是紧扣研修主题设计教学活动、进行答辩评课。平日里的教研课,各学科组的导师也会指导、磨课,在实践中探索真正有效的课堂转型途径。

3. 组长培训,提升能力。学校重视教研组长、备课组长能力的提升,定期开展有针对性的培训。教研组长须在每月工作例会上进行月小结,课程教学部对其工作进行考评，每学年进行星级教研组评选，并以此作为考核、聘任下一学年组长的依据。

4. 专题培训，专业进阶。学校组织教师积极参与了市、区级特殊教育多项培训活动，学成归来之后的教师成为种子教师，面向本教研组主持专题培训，如特殊儿童行为矫正干预方法培训、蒙台梭利数学教学法（6—9岁）培训、蒙台梭利数学教学法（9—12岁）培训、特殊需求儿童蒙台梭利教学法应用培训、特殊儿童评估量表（认知）培训、书写障碍支持策略培训等。2018—2019年学校有幸参与了上海市"随班就读课程计划"中心研究组，在市区级各层面做了汇报交流。学校资源教师为本区及外区同行开展多次讲座及汇报，多项随班就读相关课题立项并顺利结题。

（三）在线教学有品质

2020—2022年，学校多次开展在线教学，教师遇到了一个个新的挑战：

低监督，低干预，学生容易迷失学习的方向，如何提高在线学习的质量？如何还原线下的师生互动、精准评价？如何关注到每一个学生，进行适时鼓励？如何提升教师的线上教研和管理能力？如何争取家校深入互动……

学校积极迎接挑战，继续开展市级课题"指向教师学习力提升的校本研修新模式构建的行动研究"。在解决教学新问题，提高在线教育质量的同时，提升教师的四种学习能力：顺应力、策应力、互惠力和反省力。

1. 一种思维规范教学行为，强化顺应力

学习顺应力，是在面对突然变化的外部世界时，学习者能排除干扰，保持专注，迅速适应的能力。

空中课堂之后的20分钟直播课，学校提出"结构化思维"（即通过某种结构将复杂的问题拆解成一个个可以轻松解决的小问题，这种思维方式有利于一个组织统一标准，提高沟通效率）规范教师教学行为，让教师迅速适应外部变化，提升顺应力。

（1）直播内容结构化，提升顺应力

为了保质保量显特色，学校将20分钟直播课内容切分成3—4个模块。

语数外学科：内容回顾巧提炼、反馈重点促提升、练习指导化难点，也可根据学情增加"情境拓展会运用"板块，重在单元设计下的学科实践活动。

综合类学科：请你跟我这样做、我的作品乐分享、互动评价展风采。

直播内容结构化，让教师备课有方向、直播教学成序列、学生学习获保障。

（2）结构化思维再运用，传递顺应力

一段时间的实践后，教师不仅形成了结构化思维，并能将其灵活运用到自己的教学中。如数学教师用结构化思维引导学生做数学笔记，将笔记内容进行结构化设计，帮助学生提升概括能力，理清知识脉络，抓住重点、难点。记方法公式时要有举例说明，记问题反思时包括原题、正确答案与过程，并引导学生用思维导图或框架图进行单元知识整理，帮助学生对所学知识进行系统性、条理性、概括性的记忆，理清新旧知识间的脉络，形成良好的思维能力。

为激发学生记笔记的积极性，教师在"钉钉平台"班级圈中发布"创建独有的数学笔记"话题，学生进行分享点赞。

结构化思维，既是一种思维方式，又是一种管理方法。它指引着教师在面对新问题时能迅速理清思路，高效解决问题，达成团队共识。

结构化思维，拨云见日，教师顺应力应时而生。

2. 两场家长会增进育人共识，发挥策应力

学习策应力，是学习者能够根据需要，综合运用多种方法或策略，成功解决问题的能力。

学生们居家学习，给同时宅家办公的家长带来不少压力，为缓解家长焦虑，提供专业支持，促进家校沟通，教师要积极发挥策应力。

学校召开了两场在线家长会，为保证全校20个班的家长会统一达到一定水准，做了这样的部署：明确三个目标，保持两个惯例，一份流程清晰。

三个目标：

（1）展现在线教学工作思路，取得认可支持；

（2）以学校的声音引领家长，增进育人共识；

（3）给予切实的鼓励及建议，缓解家长焦虑。

两个惯例：

会议开始——播放反映学校近期工作的自制暖场片；

会议结束——再次呈现校长信箱，欢迎家长沟通。

一份流程：会前周密的流程安排会具体到每分钟的把控。

家长代表、学科教师、班主任这三类人员的发言是家长会的重头戏，学校依然采用结构化思维，有基本模块要求，有组长、行政逐级把关。

严谨有序，把握重点，教师策应力应运而生。

3. 三次论坛分享实用经验，产生互惠力

学习互惠力，是学习中的互惠与分享能力，能吸纳他人学习成果，也能与人分享。

（1）论坛分享，展现互惠力

学校组织了三次主题论坛：语数外学科"云端课堂展风采，妙招聚力云双减"，综合学科"活动菜单有创意，动手动脑重实践"，班主任"慧建云中家、遇见巧师长"。教师们分享班级管理中的实招、课堂教学中的妙招、师生互动中的趣招。招招都是实战经验、实用技巧，给人带来豁然开朗的欣喜，让更多教师有所得，能惠及自己的课堂和学生。

（2）功在平时，培养互惠力

这三场有品质的论坛得益于每周一次的教研活动。为了让教师把精力投入到教学教研之中，学校要求除教研活动外的其他会议均需申请审批才能召开。

教研活动采用主题双线并进，做了两种方式的改进——

主题双线并进：

①计划中的教研主题（单元作业设计、问题链研究、项目化学习……）。

②技术探讨与分享（钉钉平台的使用、在线互动的实战技巧……）。

如技术研讨经历三个阶段：

初期，聚焦钉钉平台使用技术，技术保障部参与答疑解惑，制作出系列指导视频，教师反复操练熟悉；

第二阶段，着眼于提高在线互动实效，同组分享技巧经验；

第三阶段，11名骨干教师上研究课，尝试突破技术壁垒，全体教师听课评课，进行在线教学经验积累，同时促进教学反思改进。

前置与跟进：

一是"内容前置"，教研主题提前一周公布，让与会教师有时间充分思考，带着有价值的意见参会。

二是会后跟进，会后将会议纪要或研修作业下发，保证讨论、分享的经验不是一掠而过，可以反复回顾实践。

论之有道，研之无境，教师互惠力水到渠成。

4. N份预案完善管理细节，形成反省力

学习反省力，是学习者不仅能感知目标，而且能科学地制订计划、预计结果、选择策略、预见问题并采取措施，及时做出调整的反思与调节能力。

在线怎么有效地批改作文？直播时突然掉线怎么办？家长无法上线参加家长会怎么办？教三个班的教师如何卡点进入不同家长会直播间发言？家长希望继续提供类似课后服务时段的作业辅导怎么办？对特殊教育需要学生怎样进行点对点的关心和指导最有效？

这些可能产生的状况或问题都在帮助教师形成反省力，促使教师有预见性地处理问题，形成一个个工作预案。

课程教学部与各教研组反复讨论，推出了在线作业批改细则；巡课行政团队按预案解决课堂突发状况；技术保障部及时解决直播技术问题；彩虹青年学堂落实"我是你的守护星"计划，结对帮助特殊家庭孩子；云陪伴团队相伴有需要的孩子完成当天功课；学校心理辅导专线日日畅通；行政班子视频家访，全方位关心教师。

种种预案的设计与实施保证了在线教学工作的顺利开展，教师在设计、执行预案的过程中，反省力也获得提升。

凡谋之道，周密为宝，教师反省力与时偕行。

就这样，学校形成了一批可推广的有效经验。2020年在线教学，学校收到教师撰写的23篇案例，出了一本案例集；2022年，教师又写出52篇在线教学案例，需要说明的是，这不是学校布置的硬性要求，而是市区级案例征集时，教师看到通知后主动撰写的。2022年，学校的语文、数学、英语、道法、美术5个学科组在区级在线教研活动中做了经验交流，学校也两次在区校长工作会议上做了在线教学的经验分享。

## (三) 融合课堂的支持策略

接纳学生之间的差异性，并把这种差异性作为人类发展的普遍特征去对待，这是融合教育的重要标志。融合教育中的"通用学习设计"（Universal Design for Learning）正是为满足差异化需求而产生的一种课程设计模式。它依据多元表征方式、多元表达方式和多元参与方式这三条原则，使课程满足学生的个性化需求。教师在尝试开展通用设计的同时，也在提炼针对学校目前不同类型的特需儿童的融合策略。

如对于情绪障碍学生的融合策略：① 多赋予正面鼓励；② 善用身体语言提示；③ 每次只发一个指令；④ 适时播放古典音乐；⑤ 调低室内光线强度……

对于注意缺陷与多动障碍（ADHD）学生的课堂管理策略：① 座位安排原则；② 合理表达期望；③ 有效责备技巧；④ 有效指导技巧；⑤ 转变课堂管理方式……

对于阅读困难学生的支持策略：① 鼓励同辈伴读；② 善用录音教材；③ 使用图形工具；④ 重新演绎重点；⑤ 辨认主要概念……

在教师进行融合教育微技能学习分享的同时，学校同步提供教学行为指南、实践小贴士，形成了《市西小学融合教育行动手册》。手册以真实教育情境中教师的疑惑为起点，分为政策支持、学生支持、资源支持三个部分。这三个部分也是融合教育推进过程中，普通学校一线教师关注最多的。手册里提供的方法易于操作，成为教师们的手边书，现在还在不断更新，把教师们的实践经验填充进去。

以下五条策略是目前学校融合教育课堂中教师使用频率最高的。

## 第六章 课程教学：融合教育生态发展的根基活力

### （一）个性化定制课程，伴随不同阶段成长

在融合教育实践中，教师们认识到，普通课堂难以全面满足特殊教育需要学生，个性化课程成为突破关键。这些课程的设计注重动态调整，能结合学生成长与发展阶段的具体需求，为他们提供精准支持，帮助他们克服学业、社交等多方面的挑战。

学校每学期都会根据特殊教育需要学生的情况制订个性化课程计划，明确课程架构、组织形式、评价方式、负责教师等具体内容。同时，为特需学生设计"一生一表"，严格按表上课，合理安排教学内容，按需进行补救教学。

每学期围绕每名特需学生，成立个别化教育计划（IEP）小组，定时召开小组会议，设计个别化教育计划。由语数外教师、资源教师、心理教师等组成的团队，每天为特需学生提供不少于30分钟的个别化教学服务。同时，根据学生成长的不同阶段设置丰富多元的课程，为他们创设融合生态环境，极力促进融合教育理念和实践在学校的推广。

通过个性化课程的设计与实施，教师发现，特需学生在特定领域获得成功后，他们在普通课堂中的表现也会有所改善，逐步融入班级，参与更多集体活动。这样的实践表明，个性化课程是融合教育的重要保障。

### （二）小组合作策略，构建互助学习环境

小组合作是学校推进融合教育的核心手段之一。在融合教育课堂中，教师们通过设计多层次合作任务，将特殊教育需要学生融入普通课堂，同时为普通学生创造更多展示与提升的机会。在这种模式中，特殊教育需要学生既是受助者，也是贡献者；普通学生则在合作中培养了包容意识和团队精神。

为实现高效的小组合作，教师们在课堂中引入了任务设计、合作机制和个人责任分配三方面策略。每次活动前，教师会根据学生的个体特点分配任务，让学有余力的学生帮助特殊需求学生完成目标任务，同时鼓励特殊需求学生在力所能及的范围内参与课堂。例如在数学课的"分数加减"单元，教师设计了分工明确的合作任务：普通学生负责基础讲解，而特殊教育需要学生则以模仿

和参与简单计算的形式融入其中。在语文课的阅读分享活动中，普通学生与特需学生共同完成故事重述，既促进了语言表达能力的提升，也增强了学生之间的互动。

通过探索与实践，学校总结出小组合作的十大高效策略，涵盖任务设计、合作分工及合作评价等环节，并结合实际教学开发了覆盖各学科的小组学习活动。这些策略在多次课堂实践中得到验证，显著提高了融合课堂的参与度和效率，构建了良好的互助学习环境。

### （三）多感官教学法，全面提升学习体验

每个学生都是独特的，他们的感官能力、学习方式和兴趣点各不相同。多感官教学法积极调动学生的视觉、听觉、触觉、嗅觉、味觉等多种感官参与学习，通过丰富的感官刺激，帮助学生从具体到抽象，激发学生的学习兴趣和积极性，提升他们的学习效果和专注力。同时，它还能够帮助学生更好地适应复杂环境，增强他们的社会交往能力和自信心。这种方法特别适合随班就读学生。

以数学"图形与几何"课为例，教师设计了从具体操作到抽象思维的教学流程。在具体操作阶段，学生通过动手操作感知立体图形和平面图形的特点；在图像演示阶段，教师利用图表和动态演示帮助学生观察和分析；在表象形成阶段，学生在头脑中构建平面图形和立体图形的关系。例如在"正方体展开图"的学习中，学生通过观察、操作，理解正方体有几个面，建立立体图形与展开后平面图形之间的联系，培养空间概念和空间想象能力。

研究显示，多感官教学显著提高了随班就读学生的学习兴趣和参与度。一个五年级学生在学习"长方体的体积计算"时，通过模型操作和模拟堆积过程，迅速掌握体积计算公式及其演变过程，并能解决生活中相关的常见问题。此外，多感官教学还能促进普通学生的知识内化，使课堂变得更加有趣和高效。

### （四）蒙氏教学法，让数学课堂生动有趣

普通课堂是随班就读学生主要的学习地点，因此也最需要特别的课程设计。

大多数随班就读学生认知能力较弱，思考多依靠形象思维，而抽象的问题诸如数理逻辑等，对他们而言非常困难。因此，需要一个特殊的媒介，将抽象的知识形象化，帮助他们更好地在普通课堂中学习。为此，学校尝试在低年级数学课堂中引入个性化的教学方法——蒙氏教学法。在这样通用设计的课程中，精巧的教具、实际的操作都能为随班就读学生提供帮助，同时也能惠及普通学生。

学校数学教研组将蒙台梭利教学法与小学低年级数学教学进行有效整合，建立起了蒙氏数学课堂，重构适合小学低年级数学学习的教学内容，摸索将蒙氏教学与现有小学低年级数学学习相结合的教学方法，注重学生的数学感受和经验的积累，将传统数学教学中的理论方法化，教具课程化，培养学生的学科素养，提升学生对数学学习的兴趣。

蒙氏教具对随班就读学生的帮助很大，以同一道题目为例，从最具体的串珠，到小数架上的数字，再到邮票游戏，都能帮助随班就读学生在头脑里完成从具体到抽象的过程。在普通课堂中实施的蒙氏课程，能够让随班就读学生安置于最少受限制环境中，最大限度地适应普通教室，最充分地利用课堂学习时间。

蒙氏教学法的应用为融合教育课堂注入了新活力。特殊需求学生在自主探究中体验到了学习的乐趣，普通学生则通过协作进一步巩固知识，整个课堂氛围更加融洽。

（五）个性化预约，一对一精准解惑

为满足资优学生的成长需求，学校在"双减"政策背景下，进一步优化课后服务，增设了"智慧加油站"，为学有余力的学生提供更高阶的学习支持。这一举措不仅为学生提供了解决难题的平台，还为他们搭建了探索与挑战的舞台，促进他们的全面发展。

"智慧加油站"以学生自主预约为特色。每名学生在每周初都可填写一张"预约单"，记录下他们在学习中遇到的难题。这些预约单递交给相关学科教师后，教师会根据问题设计有针对性的答疑方案。在课后服务时段，各学科的

"智慧加油站"便成为智慧分享场。学生们带着预约单来到老师身边，提出自己的疑惑，老师则耐心解答，帮助学生厘清思路，掌握更高阶的解题方法。这种一对一或小组式的答疑，不仅帮助学生解决了具体问题，更激发了他们对知识的兴趣和深入探究的热情。

在解决问题的同时，"智慧加油站"还鼓励学生接受挑战。每名完成预约问题的学生都会获得一份由教师精心设计的高阶挑战任务。这些任务注重引导学生思考更复杂的知识点或解决更具综合性的实际问题。例如数学挑战可能涉及多种解法的比较，语文挑战可能是主题深刻的阅读理解或辩论写作。这种延续性的学习设计，不仅帮助学生深化所学，还培养了他们的批判性思维和问题解决能力。"智慧加油站"是学校资优生培养的创新之举，也是实践教育公平与质量提升的重要探索。

## （四）融合学校课程的品牌特色

### （一）项目化学习，彰显融合价值

项目化学习，作为一种以学生为主体，以解决实际问题为目标的学习形态，正逐渐成为教育改革的新趋势。

项目化学习设计是一种重要的实践方式，能够体现融合教育的核心价值。融合教育视域下的项目化学习，在主题、过程、评价等方面都具有其独有的特征，个性化学习的设计实践也符合融合教育的需要。每个学生能够根据自身的特点和兴趣参与到各个项目中，并通过不同的方式展示学习成果，实现个性化的发展目标。这种做法不仅促进了学生之间的相互理解和尊重，也营造了和谐与友好的学校氛围。

#### 1. 项目化学习的主题体现融合

在主题方面，可以选择跨学科、综合性强的主题，如可持续发展、全球公民教育等，作为项目化学习的主题。这样的选择不仅体现了融合教育理念，更能够体现学生学科的思考与综合能力，在实践中发现融合教育的价值与意义（见表6-2）。

表6-2　2022学年市西小学活动项目化学习一览表

| 序 号 | 姓 名 | 年 级 | 项目主题 |
|---|---|---|---|
| 1 | 刘麟 | 二 | 创意玩法交流会 |
| 2 | 姚依蕾 | 三 | 绘制李白诗词地图 |
| 3 | 施晓倩 | 五 | 我们的写作宝典 |
| 4 | 欧雯 | 三 | 我们推荐图画书书单 |
| 5 | 王应骊 | 三至五 | 朗读亭的使用手册设计 |
| 6 | 林玲 | 一 | 心中有数，"包"你满意——小一新生怎样选书包 |
| 7 | 叶子青 | 二 | 争做护眼小卫士 |
| 8 | 朱文娟 | 三 | 体育课"5+2"，我来规划操场 |
| 9 | 王晟恺 | 四 | 制作文具促销海报 |
| 10 | 陈积庆 | 五 | 怎样设计更好的逃生路线 |
| 11 | 贺怡 | 五 | 制作一本市西小学双语宝典 |
| 12 | 孙婷 | 五 | 回眸四季 |
| 13 | 胡珺奕 | 三、四 | 植物铭牌制作 |
| 14 | 宋芳 | 三至五 | 为小胖墩设计健康食谱 |
| 15 | 宋佩涵 | 四 | 彩虹集市MANAGER |
| 16 | 叶慧玮 | 五 | 我的公约我做主 |
| 17 | 查倩妮 | 五 | 我们的毕业季艺术展 |
| 18 | 沈秋璐 | 五 | 定格我们的五年 |
| 19 | 郁海霞 | 三 | 建设我们的小小心理空间站 |
| 20 | 褚蓓丽 | 四 | 我家的迷你菜园 |

如王应骊老师主持的"设计《校园朗读亭使用手册》"项目源于学生遇见的真实问题。学校朗读亭设备功能较多，界面信息量较大，操作较复杂，成人版说明书学生看不懂，他们在独立使用时遇到困难。如何能让不同年级、不同认知风格的学生都能读懂《校园朗读亭使用手册》呢？这个主题融合了语文、

心理，不仅要运用一定的语文表达能力来制作阅读手册，还需要怀着同理心去思考。在这个过程中，学生需要了解他人的感受，从他人的角度出发，改进语言风格和内容表达方式，确保这份手册能被他人接受，这也促进了他们的社会情感的发展。

又如，在宋芳老师主持的"为小胖墩设计健康食谱"的项目中，学生要为身边的小胖墩伙伴设计一份健康食谱。以最熟悉的人为实践对象，是学生最有兴趣的主题之一。他们首先了解了身体质量指数等指标，并且通过指标判断身边哪些伙伴需要"减脂"；然后"跟踪式"观察这些同伴的饮食习惯，记录他们一天的热量摄入情况，为他们做一个"饮食画像"；再在健康理念的指导下，为他们设计健康食谱，并监督他们认真实施；最后和实践对象一起记录实践成果，并反思过程。整个活动历时较长，但是学生们热情不减。因为他们在不断迎接一个个挑战，并且帮助身边的人逐步认识到健康饮食的重要性。

项目化学习中真问题的选择，让学生敢于面对不确定性，善于运用知识解决复杂性问题，成为面向未来的学习者。

2. 项目化学习的过程体现融合

在项目化学习过程中，通过引入学习资源、鼓励学生开展合作学习、培养批判性思维和解决问题的能力等举措，体现了融合教育的原则。学习过程有利于提升学生的综合素养，促进跨文化交流与多元智能发展。

（1）让每一个学生"卷入"

为了确保所有学生都能参与并从中受益，要设计多样化的学习活动。这意味着教师需要考虑学生的兴趣、能力、背景和特殊需求，提供多种参与方式，使每个学生都能找到适合自己的切入点。

比如在一个关于"社区环保"的项目中，有多个子活动，如绘制环保海报、拍摄环保短片、撰写环保文章、开展社区调查等。对于喜欢艺术的学生，他们可以参与海报绘制；对于喜欢技术的学生，他们可以拍摄和编辑视频；对于喜欢文学的学生，他们可以撰写文章；而善于交流的学生则可以进行社区调查。通过提供多样化的参与方式，每个学生都能找到自己感兴趣和擅长的任务，积极参与项目并从中受益。

### (2)学会与人合作

融合教育提倡合作学习,借助团队合作和互助,培养学生的社交技能和团队精神。在项目化学习中,通过小组合作,学生们可以互相补充、共同进步,提升合作能力。

以孙婷老师主持的"Exploring life cycle探秘生命周期"的项目化学习为例,在入项阶段,通过KWL表和分工表,明确小组要解决的问题及每位成员在组内的职责(见表6-3)。

表6-3 "Exploring life cycle探秘生命周期"KWL表和分工表

KWL chart

| K<br>(What I know)<br>我知道什么? | W<br>(What I want to know)<br>我想知道什么? | L<br>(What I learned)<br>我学到了什么? |
|---|---|---|
| 你是否有饲养宠物的经验?<br>是( ) 否( )<br>你是否了解昆虫、动物或其他生命体的生长变化过程?<br>是( ) 否( )<br>请具体分享: | | |

(第___组)项目化学习小组成员分工表

| | 项目名称 | Exploring life cycle探秘生命周期 |
|---|---|---|
| | 驱动问题 | 如何理解并诠释生命周期? |
| | 小组解决的问题 | |
| | 成 员 | 分 工 |
| 组长 | | |
| 组员 | | |
| | | |
| | | |
| | | |
| | | |

通过小组合作，学生们不仅能完成任务，还能在合作中学习如何与他人沟通、分享和解决问题。这种合作学习方式，不仅增强了学生的团队合作精神，还提升了他们的社交技能。

（3）给予情感联结

老师要给予学生积极回应和情感支持，以肯定学生的方法引导学生进步。利用日志等形式，引导学生看到每个人的贡献。同时也要调解小组内容分歧，求同存异，共同奔赴活动项目最终的成果目标。

3.项目化学习的成果体现融合

项目化学习是以终为始、结果导向显著的学习形式之一。因此，在融合教育理念指导下，学习成果呈现具有鲜明的特点。学生在项目化学习中的增量成果既体现了他们的综合能力和跨学科学习成果，同时也体现了对融合教育理念的实际应用。

（1）成果的表达具有多样性和包容性

项目化学习允许学生用多种不同的形式表达成果。例如在"本草童谣创编"项目中，学生们通过了解本草的知识，创编童谣，并把童谣用不同形式表达出来。

（2）倡导每一个学生参与成果展示

项目化学习的最终成果要鼓励学生参与和表达，而不是单纯的产品产出或展示。鼓励学生参与和表达是融合教育的重要理念。这种分享不仅能促进学生的深度思考，还能为其他同学提供学习参考和激励。此外，汇报形式也可以是多样的，可以进行口头汇报、书面报告、视频展示，甚至是角色扮演等。学生可以选择自己能理解，能表达的汇报方式，鼓励创意无限。通过这样的多样化的表达方式，确保每个学生都能找到适合自己的表达途径，充分展示他们的学习收获和思考过程。

如在刘麟老师主持的《窗台上的童话》项目中，老师组织学生在自家窗台上种植蔬菜，观察蔬菜成长过程，然后尝试用蔬菜的口吻写一段话。这是一个充满生命力和创造力的项目，让学生接触植物，感受到生命的奇妙。通过这个项目，学生们不仅可以了解到蔬菜生长的过程，也可以体验到生命的成长。最重要的是，学会如何用创新的方式来表达自己的想法和感受。无论是茁壮生长的蔬菜，还是有些"营养不良"的苗苗，学生都尝试用生动、丰富、有趣的语言，讲述了属于他们自己的"窗台上的童话"。

（3）成果应有实际的应用和影响

项目化学习产品的成果应有实际的应用和影响。因为具有实际应用价值的项目成果能够让学生感受到学习的意义和成就感。具有社会影响的成果能够培养学生的社会责任感和合作精神，这是融合教育的核心理念之一。

以朱文娟老师主持的"如何合理规划使用操场"项目为例，学生要解决的问题是"如何在市中心小学有限的操场空间里，让多个班级同时开展体育活动"。学生们分为多个小组："测量组"尝试如何用尺、身体等作为工具测量操场的面积，学习用比例尺相关知识画操场的平面图；"器材组"记录场地和器材使用情况，采访体育老师了解目前操场规划使用的现状和难点；"专家组"讨论规划方案，利用全校集会时间介绍方案，并听取同学们的意见……学校从数学课、体育课、集体活动、课后社团等多方面为学生提供实践场域。在展示交流阶段，学生以小组的形式展示本组的体育活动课设计方案，评选出最受大家欢迎的方案并将其真正落实到学校体育活动课上（见图6-5）。在这个过程

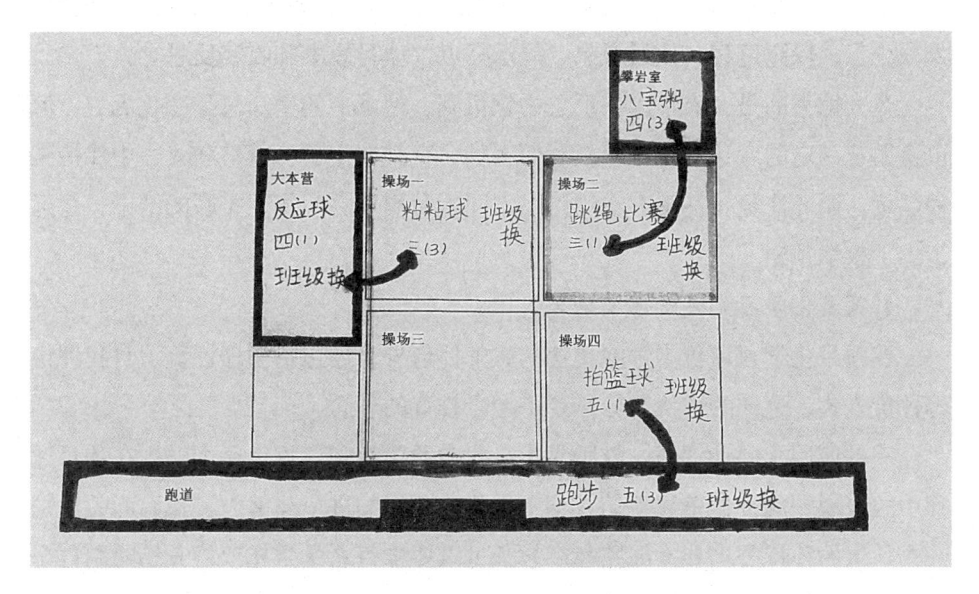

图6-5　学生制作的体育活动场地平面示意图

中，学生不仅深度理解了测量面积、统计、估算等概念，提高了知识迁移应用的能力，培养了在复杂情境中收集信息、处理信息的统筹规划能力；而且因为项目成果真正惠及了全校学生的体育活动课，学生们的成就感"爆棚"，进一步增强了校园"小主人"的责任感。

（4）成果关注生命成长

项目化学习的成果，体现出对生命的尊重和关怀。关注生命成长意味着关注学生的全面发展。融合教育强调教育的普及性和发展性，教育成果应该基于学生的立场，从而培养他们对生命的珍视，不仅关怀他人，更珍视自己。

如沪教版牛津英语教材五年级第二学期Module 1 Unit 2的单元主题是Watch it grow！教材中通过说明文阅读、图表、观察日记、诗歌、故事等多模态语篇，让学生学习不同生物的生长变化过程，从而感受大自然生命形式的多样性，学会尊重与善待生命，理解生命周期与大自然和谐共生。

基于教材语篇和单元主题意义，孙婷老师以驱动问题"如何理解和诠释生命周期"引领"Exploring life cycle探秘生命周期"的项目化学习。通过单元整体规划及分课时问题链的设计来分解驱动问题，引导学生自主探究，深度学习。学生通过小组合作，最终以项目展板的形式汇报项目化学习成果，包含：入项分工、探究过程、项目成果、展示亮点、项目故事和收获反思。

令人惊喜的是，有学生在反思中领悟到，地球上的生命总是变化无穷，但也遵循着一定的变化规律，包括我们人类一直都在生长、繁殖和死亡中保持某种延续，循环往复，甚至有小组得出不同生命周期之间相互关联的结论，远远超出了教学预期。

4. 项目化学习的评价体现融合

在项目化学习评价中，除传统的教师评价外，还包括同伴评价、自我评价等评价方式，这样的评价充分体现了融合教育的理念。

一是使用发展性评估，鼓励学生自我参照。教师要肯定每个学生在项目过程中的表现和成长，重视他们在整个学习过程中的进步与努力，包容和关注每一个学生的独特需求和发展路径。教师可以要求每名学生在项目开始时制订个人目标和计划，项目过程中定期进行自我比较，汇报环节让学生展示和分享自己的成长和经验。学生们不仅能够看到自己的努力所带来的成果，更可以意识到自己的潜力和成长空间，为未来的学习和成长打下坚实的基础。

二是以合作性评价代替竞争性评价。合作性评价强调的是学生之间共同努力的重要性，而非将他们置于竞争的环境中。这种评价方式能够激发团队合作的动力，促使学生相互支持、互相学习，达到协同发展的目的。例如老师让每个学生填写一份同组成员的互评表，评价他们在项目中的表现和贡献，包括沟通能力、创意贡献、团队合作等方面。这样的合作性评价不仅促进了学生之间的互相了解和合作，也让每个学生都能从他人的反馈中学到更多、成长更快。

三是评价内容兼顾知识层面和素养层面。2022年颁布的义务教育课程方案中，其基本原则之一就是"变革育人方式，突出实践"。其中也提出在国家课程框架下，鼓励使用项目化学习等更多学习形式。因此在评价层面，不仅要关注知识的掌握，更要通过过程性评价强化学生对参与过程的反思，从而促进学生核心素养的提升。

如在项目"Exploring life cycle探秘生命周期"探究的过程中，既有过程性评价量规，关注学生的参与度与学习习惯，又有结果导向性展示评价量规，关注项目产品内容的科学性，表达的流畅性，呈现的多元性及学习的完整性。

2020年，学校成为静安区项目化学习实验校，随后，学校先后有20多个项目落地开展，12个与项目化学习相关的区级课题立项。项目化学习正悄然改变着师生的教与学。《八个真问题掀起的真学习——市西小学项目化学习阶段成果分享》被多家媒体报道，老师们的设计力、实践力和反思力获得盛赞。

在2022学年接近尾声时，学校制订了下一阶段项目化学习发展规划，聚焦项目化学习的常态化应用，将项目化学习与国家课程理念有机融合，推动教学创新由局部探索走向系统深化。同年8月，上海市教委在实施《上海市义务教育项目化学习三年行动计划（2020—2022年）》的基础上，印发《关于实施项目化学习推动义务教育育人方式改革的指导意见》，全面推进实施项目化学习，指导意见将"义务教育学校常态化实施项目化学习"作为重要工作目标，将项目化学习"纳入课程实施方案""推动常态化实施""开展分层分类研训"作为主要推进措施。这一系列措施与学校的规划不谋而合，充分印证了学校在项目化学习推进中决策的科学性与前瞻性。

项目化学习强调将学科内容与学生的生活经验紧密结合，形成有机的学习体验。根据国家课程标准的要求，学科知识不仅要传授给学生，还要让他们能够在现实生活中理解并应用这些知识。项目化学习通过引导学生在真实问题情境中进行探索和实践，促进了学科内容的深度理解和有效迁移。

为了确保项目化学习能够在不同学科中常态化实施，学校课程教学部提出了"三个一"的明确规定，即每一个年级、每一个学科都要选择一个单元进行项目化学习的设计与实践。这一规定为教师提供了时间和空间，使他们有机会在学科教学中进行项目化学习的设计和实施。

以2023学年为例，两个学期学校共有71个项目化学习方案实施，涉及所有学科和所有年级，还包括多个跨学科项目。融合教育理念指导下的项目化学习以学习者为中心、以真实情境为前提、以挑战性任务为驱动、以持续性探究为路径、以成果展示为导向，让学生对真实的、复杂的问题进行探究，通过分工合作探索解决方案，形成学习成果，能够激发学生的学习兴趣，提高他们的实践能力和创新精神，让每个学生都能感受到学习的意义感和自我价值实现的成就感。

上海市"教与学设计创新""预见学习""上海静安"等多家公众号多次对学校的项目化学习进行了专题报道。

### （二）整本书阅读，实践融合理念

"彩虹桥"整本书阅读项目组于2019年8月成立，标志着市西小学正式开启了课程化、专业化、系统化的进程。

市西小学是一所"彩虹"学校，项目命名为"彩虹桥"有四层含义：

一是项目希望打造"七彩"的校园阅读，架起学生与书籍的桥梁；

二是项目致力于让阅读成为师生、家校、亲子间的桥梁；

三是项目关注学生如彩虹般绚烂多样的阅读感受；

四是项目希望用书籍为学生搭建起阅读世界的桥梁。

项目组一经成立，项目主持人欧雯老师就立即带领团队开启了"阅读课程化"的合理性与必要性的论证工作,并着手实施。"彩虹桥"整本书阅读项目着眼于发展与培养每一个学生的终身阅读素养,尊重每个学生的差异,包括他们在阅读能力、阅读兴趣等方面的差异,以唤醒学生的阅读期待,为学生提供个性化的阅读指导与支持,营造家校共读的良好阅读环境为目标。

1. "三个一"与"四堂课"

学校制订了"三个一"和"四堂课"的项目实施计划。

"三个一"即每日阅读一小时、每周一节阅读课、每月精读一本书。建议学生每天至少进行一小时阅读,在低年级倡导亲子阅读,在中高年级则建议进行独立阅读或伙伴共读。学生的阅读书目分为"精读"与"荐读"两种。"精读"书目为师生共读,每月一本。"荐读"书目则由项目组发布,学生自由进行选择与阅读。每月的"四堂课"则包含读前激趣课、读中指导课和读后交流课三种课型。

2. 六种能力与七个维度

阅读课正式列入学校课程表,课程目标明确指向培养学生"六种阅读能力":

★提取信息　比较整合　★观察画面　解读图像　★预测情节　分析形象

★语言积累　概括总结　★鉴赏评价　创意表达　★独立思辨　合作交流

从"阅读有广度、思考有深度、提问有力度、表达有态度、创作有角度、合作有高度、进步有梯度"这七个评价维度出发,培养最爱读书、最会读书的彩虹少年,同时呈现包括阅读单在内的多样化阅读成果。

3. 一项课题与七彩书目

为了使项目能够更加专业、系统地进行,学校请来梅子涵、徐家良、蒋军晶、周其星、刘双双、李伟忠等多位专家到校或在线进行指导,项目主持人欧雯老师申报了区级课题"基于统编教材,运用阅读单开展整本书阅读教学的实践研究"。项目组成员通过对小学不同学段的学生阅读兴趣、认知能力、阅读习惯等方面的观察及考证,结合统编教材"人文主题"和"语文要素"双线并进的特点,将合适的经典童书纳入小学全学段整本书阅读课程中,结合统编版教材学习内容,形成新的课内外阅读内容体系、相应的阅读单设计与运用体系以及学生语文读写素养提升体系。

有了科研提供的动力与支持,"彩虹桥"阅读项目组的老师编制出学校阅读基础书目,涵盖五个年级加上一年级学习准备期和五年级毕业季,构成富有彩虹学校特色的七彩书目。

除了编订阅读课常规的整本书阅读书单之外,每个学期还推出多种主题书单。

寒暑假书单,侧重于培养学生的阅读兴趣,延续其在校的阅读习惯,并致力于在假期中给予学生下一阶段阅读方面的指导。

每个学期依据学校的德育或学科主题活动,制定相应的主题书单。如在三季的"中华瑰宝乐传承"校园主题活动中,分别进行了"节气歌谣童声传""唐诗地图天下行""中华节气话本草"的主题阅读书目推荐,并分年级提供了阅读方向和延伸活动主题。

为形成良好的阅读生态,项目组与多学科实现阅读联动,通力合作,编制跨学科书单。如阅读与心理学科结合,编制"做情绪的主人"主题书单,与美术学科结合,编制"读书寻美"的图画书鉴赏书单等。

2021年9月,恰逢学校引进"项目化学习",于是,由四年级学生参与的"推荐图画书阅读书单"项目应运而生。在此项目化学习过程中,学生充分调动阅读经验,立足自身和同伴的阅读兴趣与需求,进行独特而理性的阅读推荐。2021年12月,在上海市静安区教育系统学术季活动中,学生进行了书单发布,获得与会专家的好评。

4. 三类课型与三个评价原则

项目组依托大量课例实践探索出一套行之有效的整本书阅读教学指导方法,形成了整本书阅读课的三种课型——

读前激趣课:这种课型主要目标定位在激发学生对于阅读一本书的兴趣,可以通过对部分情节的介绍等方法实现。

读中指导课:这种课型主要解决怎么读的问题,教师在课堂教学中注重读法的指导,帮助学生掌握阅读策略和方法。

读后交流课:这种课型主要在学生广泛阅读的基础上分享自己或小组在阅读中的感受与收获。

与三种课型相对应的是前导型阅读单、陪伴型阅读单和总结型阅读单。根据阅读教学目标出现在整本书阅读教学过程中的各个阶段。

将阅读课正式纳入课程，评价体系的考量必不可少。项目组考察现行的课外阅读课程，并参考专业文献后，基本定下四个评价原则：一是在书面评测中适当加入阅读内容检测，二是采用多种维度与形式进行评价，三是注重过程性评价而非结果性评价，四是提供多种激励手段与展示机会。

5.三类认知风格与三种阅读支持

（1）动觉型

这类学生好动，做比听和看来得更容易。因此，在课堂教学设计中，老师们会特别设置一些环节。比如低年级老师们注重用带律动的歌谣来帮助阅读，中高年级老师们会采用戏剧的方式。此外，在对动觉性学生进行评价时，会多用肢体性语言，比如拥抱、击掌，这样能更好地传递情绪，建立师生感情连接。

（2）听觉型

这类学生喜欢听、愿意说，喜欢音乐、戏剧以及有表现力的活动，对老师的口头指令极其敏感。因此，要求他们用语言来复述、表达感受、展开讨论，会是他们最喜欢的学习方式。听觉型学生往往会因为听觉过于灵敏而在阅读时分散注意力，老师们通常采用以下几种方法来帮助听觉型学生集中注意力，激发学生的学习阅读动力：

① 大声朗读文章；

② 把思考过程用嘴巴说出来；

③ 用韵律感强的儿歌、快板等作为载体帮助阅读；

④ 多采用小组合作的方式提供倾听和表达的机会；

⑤ 用录音记录自己的感受，并教会他们进行录音复盘，比如让他们在录音后向自己提问，并留出一段时间，让他们边听边让自己回答；

⑥ 为他们提供相对安静的阅读环境，帮助他们集中注意力。

（3）视觉型

这类学生更多的是喜欢看，喜欢从说话者的肢体语言、表情中获得更多信息，所以和他们交流时应该简短明了、开门见山，将更多的时间留给他们和书籍相处。通常老师们采用以下几种方式帮助他们阅读：

① 一起制订一份有规律的读书计划，并且把不同时间需要做的事情用不同颜色的笔标注出来。

② 多用清单式或思维导图方式帮助阅读思考和梳理。

③ 多启发他们闭上眼睛去想象有关的画面或场景，提升记忆和思维效率。

④ 多用颜色、线条、画面、卡片、图片等来帮助阅读。

2023年，阅读项目组尝试进行改革，打破以语文学科为主导的单思维阅读，采用多学科融合的形式组织学生阅读。在阅读课上，学生不仅能看到语文老师，还能看到美术、心理、数学、英语、自然科学等学科的老师，从不同角度解读书籍，让学生经由阅读，去向更辽阔的世界。

2016年、2019年、2022年，上海市中小学学业质量绿色指标综合评价反馈显示，市西小学学生的阅读能力实现了质的飞跃（见图6-6）。

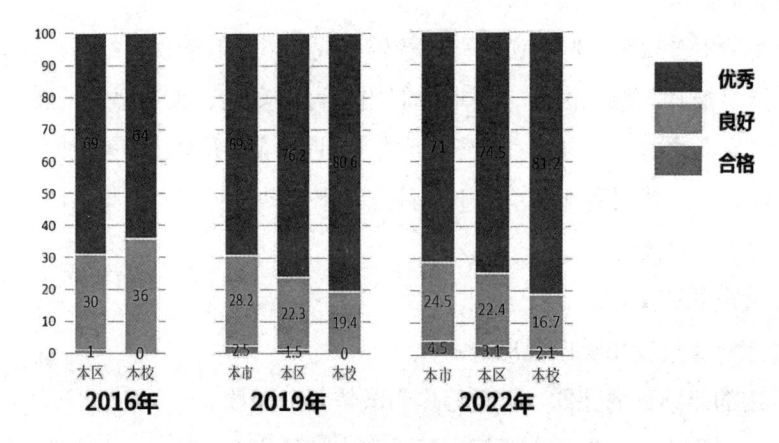

图6-6 市西小学参加上海市中小学学业质量绿色指标综合评价中
"阅读"能力维度各水平上的人数比例

课程化的阅读让学生系统、正规地习得了阅读方法。同时，通过一系列的刻意练习，学生从阅读中真正得益，不仅获得了不同体验和感受，更收获了"会读书"的成就感。

2025年，学校被评为"上海市书香校园"。

## （三）传统文化课程，给予融合力量

中华优秀传统文化中丰富的哲学思想、人文精神、道德理念是中华民族的精神命脉，积淀着中华民族最深层的精神追求，代表着中华民族独特的精神标识。基础教育阶段以传统文化浸润心灵，树德养正，能够给予学生长久的成长动力。

"中华瑰宝乐传承"活动课程在学校已成功开展了三季，选取了三个经典的文化符号：节气、唐诗、中草药。每个主题以不同的学习方式设计了一整年的校园文化活动，旨在引导学生体验传统文化和自然科学之美，感受生命能量之源，播下文化自信的种子。同时，传统文化作为中华民族共同的精神纽带，可以增强所有学生的文化认同感，缓解因差异带来的疏离感，促进心理层面的"融合"。

1. 跨学科微课：浸润心灵的节气之美

各学科将节气物候、民间风俗、诗词歌赋、远古传说、当代传承等元素整合在一起，以微课的形式通过"识节气、承文化""习节气、记生活""随节气、练体魄""知节气、亲自然"四大模块让学生了解节气知识、诵读节气童谣、观察节气变化、制作节气美食、学习节气运动。

比如小满后，天气由暖变热，降水逐渐增多，南北温差缩小，学生在科常老师的指导下观察小满前后气温的变化并记录，运用数学知识绘制了复式条形统计图，了解了小满的气候特征同时，将小满的物候特点用美术作品的形式表达出来，并配以语文老师教授的诗词。

就这样，从"梅花合让柳条新"的立春到"坚冰深处春水生"的大寒，全体师生跟着节气走了一年，触摸着大自然的节奏，感受着古人的智慧，学生初步体验到依时而动，把自我融入自然，是一种生命共鸣的生活方式，人与环境共融共生才能和谐。

2. 主题活动：穿越千古的唐诗之行

（1）研学手册导学

第二季的"唐诗地图天下行"以主题综合活动的方式展开。学校设计了唐诗地图导览手册，分为五个部分（放舟东下、江南风韵、梦回古都、长江览胜、丝路花雨），收录了55首唐诗，不同年级按照不同省份开展了三项内容的深入学习（地理探秘、诗歌研读、诗人风采）。

一年级放舟东下，领略唐诗中描绘的吴越风光；二年级来到江苏，饱览唐诗中的江南风韵；三年级重回古都西安和洛阳，跟着诗人的足迹感受历史的沉淀；四年级穿越三峡，领略长江的美景；五年级踏上丝绸之路，和边塞诗人"对话"。

（2）多彩活动激趣

紧接着学校发布了四道招募令（"唐诗解说团""最强大脑""诗散香韵味、我把诗来读""我是小小书法家"），把这项活动推向高潮。

（3）成果展示多元

从浔阳江头到灞桥岸边，从大漠边关到烟雨江南，学生沉浸在唐诗的意境中，学校精心打造的儿童展馆"星空间"迎来的第一个活动便是独一无二的"诗"展。学生或三五成群结伴参展，或私人定制有主题的艺术"诗"展。从筹备作品、设计海报、讲解组织到活动评价，全程由学生主持策划，从多元领域展现唐诗中的文化魅力。

唐诗中传递出的善与美，家国情怀与人生哲思，穿越千古，在学生的心田熠熠闪光。

3. 综合实践：滋养生命的本草之趣

第三季的"中华节气话本草"将传统中医药文化与节气知识相结合，通过综合实践活动引导学生观察生活、提出问题，在实践中运用系统思维解决真实问题。

（1）因时而动的天人合一

一年级学生唱童谣，话本草，以一种生动、有趣的方式接触本草文化，为本草的传说、药效、节气、时令编写童谣，感受语言的节奏美、韵律美，在艺术表现中合作、感悟；二年级学生走进"校园百草园"，话本草、寻本草、研本草，体会本草的播种、生根、发芽的生命过程，为绘制"百草园草本图谱"积累素材。童谣资料的编撰，种植过程的喜与忧，一花一世界、一岁一枯荣，万物各尽其性，敬畏自然、敬畏生命是学生最大的收获。

（2）追求平衡的守正创新

中医认为"人体自有大药"，如何实现人体与自然的平衡？四年级探究"药食同源""食物配伍"，通过撰写食谱、绘制食谱，为家人做一道"节气美食"，在实践中探索节气食物的奥秘。五年级将目光锁定在"五禽戏"中，通过掌握五禽戏中虎、鹿、熊、猿、鸟五种动作的形态动作，创作适合学生体格、节奏的新操，增强力量、协调、灵敏等身体素质。阴阳协调的节气膳食，形神并茂的五禽演绎，感受"以生命为中心"的中医哲学，让更多人了解中华传统保健知识。

（3）以人为本的情感互动

如何让小学生成为传统文化传播的使者？三年级以"会说话的本草文创"为主题，学生基于亲友的需求，结合本草元素，设计实用、美观、受欢迎的本草文创。在本草文创礼物的传递中实现爱意的流通。

就这样，学生做中学，学中做，在反复的探索、研究中，深化对中医文化的"天人合一""协调平衡""守正创新"等哲思的理解，在愉悦的学习氛围中了解中医药学及本草文化，感受人与自然和谐共生的理念。

今天的学生是数字时代的原住民，面对繁杂多样、充满变量的世界，面对唾手可得的知识信息，人性深处的情感价值、对生命意义的认知、对于幸福感的获得显得更为重要。我们中华民族优秀的传统文化中的思想伟力会给人潜移默化、润物无声的滋养，相信通过多姿多彩的学习方式，学生能获得更多的成长动力，成为中华文明的传承者。而优秀传统文化中的包容性与和谐观与融合教育的价值观高度契合，传统文化课程的实践也为融合教育目标的实现提供了重要的支持。

## 第七章

# 师资匹配：
# 融合教育良性发展的学术追问

# 第七章 师资匹配：融合教育良性发展的学术追问

联合国教科文组织第48届国际教育大会明确指出："高素质的教师是推进融合教育的关键。"融合教育质量的达成，在很大程度上依赖一支有专业素养的教师队伍。普通学校的普通班级教师作为直接教学人员，是融合教育实施主体中最大的组成部分，而校长等行政管理者作为支持人员的作用也是不可替代的。

## （一）融合教育呼唤怎样的师资

融合教育的引入，对师资队伍建设带来了挑战，也带来了机遇。从普通教师到融合教师，不仅需要观念改变、理念更新，还需要专业进阶、能力提升，更需要启智润心、因材施教的育人智慧，乐教爱生、甘于奉献的仁爱之心。可以说，融合教育的最终实现，需要充分依赖一批师德高尚、复合型专业教师的教育作为。

### （一）融合学校的主心骨

一所普通学校实施融合教育，主心骨必然是校长。在中国，中小学校长的专业标准从理论上说有六个维度：规划学校发展、营造育人文化、领导课程教学、引领教师成长、优化内部管理、调适外部环境。

而当这些标准演化成一件件实实在在的具体事务时，校长，说起来是一种职务，可常常需要在多种角色间不停地切换。

校长有时候是突击队队长，要带着团队高速运转，攻坚克难，完成紧急任务；有时候是CEO，各部门工作要了然于胸，能统筹整合各项计划；有时是谈判专家，面对各种矛盾要沟通协调，要立场鲜明，要把关定向；有时是理财高手，年度预算、收支平衡、三方比价、绩效清盘，笔笔账要能算得清、说得明；有时是外交部长，街道、社区、派出所、消防队、环卫所、城管监察大队，方方面面都要架起友谊的桥梁……当然，作为法人代表，作为第一责任人，校长还要时时刻刻注意排查校园中大大小小的风险点，保持一种无须提醒的自觉。

那么对于一所实施融合教育的学校来说，校长的角色定位应该是怎样的？

有人说，一所学校融合教育的"成色"，往往要看校长的"脸色"。融合教育在普通学校实践发展的"命运"，首先系在校长手中。校长对融合教育的认知程度，往往决定着这种教育在学校的施展程度。显然，校长是学校实施融合教育的"第一责任人"。

校长在促进融合教育发展时，往往需要在三个领域发挥重要的作用：鼓励建设包容性课程；促进教师之间合作；丰富学校文化的包容性。在这样三个领域中，校长的角色也变得多元。

1. 校长是愿景规划师

校长要带领团队将融合教育纳入顶层设计，以学校发展规划的形式，保障融合教育的有效推进。市西小学搭设了三层次目标，七条实施路径的彩虹学校的融合教育文化建设框架（见图7-1）。力求以这样的文化支持所有学生，使学生互相帮助，教师合作无间，师生家长和社会关系和谐。

图7-1　市西小学融合教育文化建设框架

2. 校长是价值引领者

市西小学成立了"爱+融合教育"团队，校长做队长，资源教师做副队长。校长挖掘、提炼学校融合教育文化内涵，并及时在全校范围宣传，促进全校确立平等、有爱、共融的价值取向。

国际上在培养融合教师时，重点关注三个着力点，也被称为3H理论：手代表实践（Hands），头代表知识（Head），心代表信念（Heart）。实践、知识、信念，它们该如何排序呢？权威专家给出了这样的结论（见图7-2）：

Hands-practice 手-实践（20%）

Head-knowledge 头-知识（30%）

Heart-beliefs 心-信念（50%）

图7-2 融合教师培养的3H理论

可见，教师的态度是实施融合教育的成功要素。信念是改变一切的根本，教师对于融合教育的态度受到自身价值、信念的重要影响。

这几年来，笔者作为校长，指导团队推出了彰显融合教育文化的市西小学教师行动纲领；开设了以"表达专业精神，传播融合理念"为导向的"师说新语"每周微论坛；推选了以"发现身边感动，积淀学校文化"为主旨的"月度人物"，进行了"学习育人之道，点燃理想之火"为目标的"经典共读"。这一系列的举措都是在凝聚共识，这是发展融合教育的根基。全体师生在长期融合教育实践中积淀的共同遵循的价值观、精神风尚、行为准则，会为融合教育内涵式发展提供思想保障。

3. 校长是激励者

2021年，学校改革了年终推优制度，以"高品质常态化"为工作追求，经过几上几下的充分讨论，不再以群众勾选名单，行政讨论确定人选的方式进行，而是推出了涵盖日常教育教学工作评价的九大指标体系，对每个指标赋予一定的权重，其中提高了"参与融合教育"指标的占比权重，使得积极参与融合教育的教师会因为此项的得分，有脱颖而出的机会，成为当年度的考核优秀者，获得绩效奖励的倾斜。这样的举措激励更多的教师投入到融合教育的实践中。

### 4. 校长是策划者和示范者

作为校长，笔者带着学校的德育团队用心设计了很多校园活动，给予每一个独一无二的学生个性化的教育和关怀。

比如每年的六一、元旦，我都会手写厚厚一沓贺卡，这都是各个班主任推荐给我的，需要校长特别关心的学生。收到校长贺卡和礼物的孩子会很开心，家长会特别感动，激动地给班主任回复感谢短信。

一年又一年，班主任给我的推荐语越来越长，从中能看出老师对学生细致的观察，很快，不仅是校长一个人写贺卡，全校每一位教师在这两个节日都会给学生送贺卡和礼物。

市西小学的空间里没有学生个人的奖牌、奖杯，因为学校不需要用个别学生获得的荣誉作为学校办学水平的证明，我们要办惠及每个学生的教育，希望每个学生在市西小学的五年都有属于自己的高光时刻。每学期开学典礼上都会发布"彩虹校园机会榜"，涵盖校园生活中的各个岗位，每个学生都会拿到一张报名表，可以自主报名，在校园生活中找到自己的价值。

### 5. 校长是合作的促成者

融合教育需要家庭、社区的共同参与。家长学校的选题、家庭教育沙龙的主题大都来自对家长的问卷调查。家长有什么需求，学校就安排讲相应的内容，一开始请专家讲，后来校长和老师都参与做讲师，现在还发掘出一批家长讲师，家长互助，答疑解惑。学校还跟社区、街道、周边单位合作，消防队会给学生做安全教育，武警支队会帮忙军训，雷允上的大夫参加了学校"中华节气话本草"的课程指导；学校作为片区资源中心，为其他学校提供咨询、个训等服务；根据学生需求，引进各类优质课程……校长积极促成这些合作，这些资源整合都能更好地服务于学生。

经过这几个角色的历练，经过多年来融合教育的实践，作为校长，已渐渐感受到了几个变化：

首先，是儿童样态。学生更自信了，每年国庆、新年，只要是全校活动，每一个学生都大大方方上台，一个也不少。

"彩虹校园之星"办了7季，400多个学生报名参加过，在琴棋书画科创等方面展示自己的才干；学生更有尊重差异的意识，更有同理心，不仅不会去孤立特别的小伙伴，还会主动关照他们。毕业季课程中，五年级学生要留给母校一本导览手册，给各个场馆写了双语导览词，配了插图，最后还考虑到学校有视觉需要支持的伙伴，于是又加一个二维码，扫一扫，就可以听到学生自己录制的导览词。

其次，是教师的变化。过去"爱+融合团队"的老师就像救火队员，哪个班级的学生出现了棘手的问题，班主任、任课教师就会呼叫，现在，对很多状况老师们能用融合教育的专业技能解决。大家也会为了一个高支持需求学生，年级组组织研修讨论，教师之间会互助，问题不上交了，束手无策或放任自流或满腹牢骚的情况很少见了。

第三，是家长的变化。学校有"校长信箱"，鼓励家长给学校提建议，刚开始有点像吐槽信箱，这几年里面的表扬信越来越多，大多是对老师关心关爱言行的感谢。

学校曾经碰到一起危机事件：一个五年级的学生下楼梯时踩空了，把门牙摔掉了，老师们都很担心。没想到一周后，校长信箱收到了一封感谢信。家长对老师在救治过程中的表现大加赞扬。因为班主任在第一时间找到掉落的牙齿，放入新鲜的牛奶，使得这颗牙送到医院时能"官复原位"。

因此，大家现在更加坚定，在学校融合文化塑造的过程中，重点就是"学校的人"。在学校，人应该被看见，人应该被尊重，人应该被赋能。

ChatGPT来了，DeepSeek来了，人类似乎拥有了更高效的工具，知识获取更加便捷，有人预言，未来教师的主要职能将从教书走向育人。但无论如何，学校要做眼中有人的教育，做有专业尊严的教育，让教育因专业的高度而抵达育人者的尊严；也许真正的融合教育的专业精神，就是在认清教育的局限和人的缺陷之后，依然尊重并热爱教育，依然尊重并热爱每一位受教育者。

### （二）融合学校的主力军

学校强化校本研修，努力建成一支师德高尚、业务精湛、合作进取、善于学习、敢于攻坚的教师队伍。

学校聚焦"队伍"成长，实施"牵手爱班主任工作坊""项目化学习坊""彩虹青年学堂""爱+融合教育团队"四大教师成长项目，加强党建引领、专业发展、梯队建设，全面推进市西小学教师队伍建设。

近五年，学校教师在各级各类评比中屡屡获奖。有2人被评为静安区学科带头人；15人次获区教学赛马场一、二、三等奖；1人获上海市"身边好老师"一等奖；1人获上海市园丁奖；8人获区园丁奖；1人被评为区教育科研工作先进个人。教师承担区级及以上公开课22节，承担区级课题28项、市级课题4项；论文（案例）发表、获奖40余篇，在区级以上层面分享教育经验30余次。2022年，在上海市教育学会学习科学专委会组织的"双减"背景下的学习指导研究与实践征文评选中，学校荣获一等奖1篇，二等奖2篇，三等奖2篇。学校还获得静安区首届科研优秀团队、融合教育优秀团队称号。

产生这样的成果，归功于学校在师资队伍建设上的谋划和行动。

一是制度规划促发展，师德建设创品牌。

——建立管理机构，落实培训工作。

学校建立师训管理领导小组，加强对师训工作的组织、协调和领导，全体行政参与领导小组管理，保证校本研训时间、场地、人员及培训内容的落实，使培训工作规范化、制度化。

——完善规章制度，规范队伍建设。

根据教师队伍的实际情况，认真制订《市西小学师训工作计划》《教师个人发展规划》等制度，将校本研训作为学校工作的重点之一。

——加强师德建设，打造品牌项目。

为了营造良好的育人生态，构建高度协同、赋能于人的精神文化，深化师德师风教育，学校推出了以"表达职业精神，传递昂扬力量"为导向的"师说新语"微论坛；推选以"发现身边感动，积淀学校文化"为主旨的"月度人物"和以"发掘教育新星，弘扬师德风范"为目的的"青年才俊"；以"学习育人之道，点燃理想之火"为目标的"经典共读"；以"体现人文关怀，聚合团队温情"为要义的"伙伴生日派"活动，形成了一批师德建设品牌项目。

二是教育科研重指导，研究能力获提升。

——顶层设计，规范管理。

科研工作纳入学校发展规划之中。通过顶层设计，科研思路清晰化、科研任务具体化、科研过程可视化、科研效益最大化；研究目标聚焦学校教育教学中的实际问题，找准切入点。健全教科研管理制度，形成"市—区—校"三级课题网络，建立多项规章制度，并在实践中不断优化；将科研成果纳入教师评优和履职要求，多方鼓励教师参与科研工作。

——龙头课题，引领研究。

近年来，学校的两项市级课题"小组学习活动中，个性化学习机会提供与活动规则设计的实践研究""指向教师学习力提升的校本研修新模式构建的行动研究"顺利结题，学校集全体教师智慧，高质量完成立项、开题、研究、实践、结题等工作。

2020年学校申报的2—5年教师培训项目"体验式培训提升青年教师学习力的实践研究"从全市593个项目中脱颖而出，成为232个立项项目之一，历经半年的探索磨砺，该研究项目顺利结题。在全市申请结项的225个项目中，评出了67个优秀项目，学校项目成为其中之一。同时研究成果进一步精简凝练后，编入《上海市中小学青年教师实践研究项目》学校项目成果集，在全市范围内推广。

——个性辅导，提升素养。

2021年学校被评为静安区第一届科研先进集体。

近三年，科研室面向全校不同群体共开展逾30次科研辅导。科研指导工作目标定位不同需求群体，采用不同辅导手段，夯实科研创新基础。

学校同时也形成了生态化、成长式、真实性的课题生成模式。

课题的生成从调研出发指向学校发展的真实需求,从项目研究开始试点逐步扩大研究范围,从全体师生成长出发力争研之有效。

"十三五"期间,学校共有市级课题(项目)7个,区级重点课题1个,区级一般课题8个,区级青年课题19个,总计35个课题。

——成果推广,惠及学生。

学校借助静安区教育系统学术季展示这一平台,进行市、区级课题的开题、阶段成果展示、教育教学真实问题研讨等活动(见表7-1)。

表7-1 市西小学历年学术季主题(2018—2024年)

| 年　度 | 主　题 |
| --- | --- |
| 2018年 | 个性化教育背景下,满足学生需求提供动觉思维学习方式的实践研究<br>——"十三五"国家课题子课题开题论证 |
| 2019年 | 结伴成长　同心逐梦<br>——青年教师学习力培养成果汇报 |
| 2020年 | 践行新发展,共育学习力<br>——市级课题研究思考和实践汇报活动 |
| 2021年 | 聚焦真问题,提升学习力<br>——静安区项目化学习实验校阶段成果分享 |
| 2022年 | 从"这一个"到"每一个"<br>——融合教育实践汇报 |
| 2023年 | 变革学习方式,激活创意无限<br>——"激发学习创造力　日常教学新样态"专项行动研修 |
| 2024年 | 匠心　恒心　创新<br>——常态化课堂项目化学习实践探索 |

学校在科研成果的推广上,通过为教师提供一对一辅导,多位教师的研究成果在区、市乃至国家层面发表与获奖。这些研究成果反哺课堂,惠及学生的成长。

## 二 融合教育的师资建设之路

融合教育的师资建设，有着一般师资建设的共性，也有特定教师建设的个性。融合教育的师资建设之路，教师的融合教育素养是一个标志，也是一个关键。

从1989年至2024年，国家下发了20余个与提升教师特殊教育专业能力相关的文件，力求让普通学校教师能够胜任随班就读工作。

在我国推进融合教育初期，曾经出现过一种讨论，即如何培养一批既精通学科教学又具有特殊教育专业技能的人才。然而，随着实践与研究的深入，专家们也认识到，这只是一种充满理想主义色彩的设想，全能型教师不存在，学科教师的任务以完成学科教学为主，兼顾差异化教学的任务，大多数教师只需要具备初步的特教专业知识和技能即可。高支持需求的学生更深层次的教育需要通过资源教师、心理教师、巡回指导教师这些类型师资的共同介入来实现。

因此，学校决定在充分了解本校教师融合教育素养现状与需求的基础上开展了融合教育素养提升行动。

### （一）调研教师融合教育素养现状

1.教师融合教育素养的内容

融合教育素养，是指教师开展融合教育工作时所具备的融合教育理念与态度，融合教育专业态度、知识、技能，以及获取资源等融合教育专业能力的总和。

（1）持有专业理念与态度：认同融合教育的价值和意义；认同普通学生和特殊需求学生都能在融合环境中受益；认同每一个学生都能够学习并有进步的潜力；认同普通学校对大多数特殊需求学生来说是更合适的受教育环境。

（2）具备一定的专业知识：知晓国内外融合教育的相关政策、法律法规，以及融合教育发展的历程与趋势；了解个体发展的差异性和多样性；了解感官障碍、智力障碍、注意力缺陷与多动障碍、学习障碍、孤独症、肢体障碍儿童的身心特点及融合需求。

（3）拥有初步的专业技能：具有初步的问题行为矫正、融合环境建设、注意力培养与监控、多元评估、课程调整和差异化教学的能力，并能够积极争取专业支持，有一定的沟通、合作能力。

2. 学校教师融合教育素养的概况

为充分了解教师融合教育素养的现状，学校面向全体教师展开问卷调查，从融合教育态度、融合教育知识、融合教育技能和融合教育中获得支持的能力这四方面对教师融合教育素养现状进行了调研。旨在全面评估教师在实际教学中对融合教育的掌握与应用情况。具体问卷内容包括：

**基本信息**：包括教师性别、年龄、文化程度、教龄等基本情况。

**态度维度**：该部分旨在评估教师对融合教育的态度，包括对特殊教育学生的关注、对融合教育理念的认同程度等。问题涉及教师对随班就读学生的态度、课堂融入情况以及对特殊教育儿童的接纳态度等。

**知识维度**：该部分评估教师对融合教育相关知识的掌握情况，涉及常见随班就读学生的障碍特征、教学策略、融合教育相关法律法规等内容。此部分问题设计目的是了解教师是否具备必要的理论知识以支撑融合教育实践。

**技能维度**：该部分主要评估教师在实际教学中是否具备实施融合教育所需的教学技能。问题包括教师是否能够根据随班就读学生的个别需求合理安排教学活动，是否能合理应对课堂中的问题行为等。

**支持获取能力维度**：该部分聚焦教师在实施融合教育过程中获取支持的能力，问题涵盖教师是否能获得学校、家长以及同事的支持，是否能够为随班就读学生争取必要的资源支持等内容。

问卷采取匿名形式，以确保教师的回答真实可靠，且问卷数据仅用于本研究。问卷通过线上平台发放，共发放63份，回收63份，回收率100%。

数据收集完成后，学校科研室运用SPSS等统计分析软件对问卷数据进行处理，包括描述性统计、差异性分析等，以确保数据的准确性与合理性。

通过分析，结果显示学校教师融合教育素养各维度得分高低依次为态度、技能、知识、支持获取能力。四个维度的平均得分为4.17分（满分5分），表明学校教师融合教育素养尚可。四个维度中，教师融合教育态度维度得分最高，也证明了长年融合教育的浸润，潜移默化地影响了老师们的教育态度。但是老师们的融合教育知识和支持获取能力两个维度的得分均不高，说明老师们还需要在这两方面提升。

研究还对不同教龄、学历、学科教师的融合教育素养进行方差分析，结果发现他们在融合教育素养整体水平及四个分维度上的得分均无显著差异。

对不同特殊教育参与经历的教师进行了差异显著性检验，结果显示，参与过特殊教育的教师在融合教育素养整体水平及四个维度上均显著高于没有参与过特殊教育的教师。例如，在融合教育知识维度，参与过特殊教育的教师得分为 $3.651 \pm 0.97$，而没有参与过的教师得分为 $3.288 \pm 0.80$，差异具有统计学显著性（$p < 0.01$）。同样，在融合教育技能和获得支持能力维度上，参与过特殊教育的教师也显示出显著较高的得分，分别为 $4.263 \pm 0.88$ 与 $3.125 \pm 0.88$（$p < 0.01$）和 $3.947 \pm 0.87$ 与 $3.144 \pm 0.89$（$p < 0.01$）。

（二）提升教师融合教育素养行动

1. 针对调研反馈，确定校本融合教育素养提升框架

经过探索教师融合教育理念、知识、技能及资源获取等融合教育素养提升内容，参考特殊教育专业相关课程设置，侧重联系本校教师的融合教育素养现状及实际需求，重点研究差异化教学在课堂中的实施、特殊教育需要学生发现以及家校沟通策略等，通过实践普及"1个理念"、了解"2类知识"、掌握"3项技能"、打通"4种渠道"，共同构成学校教师融合教育素养提升框架（见图7-3）。

2. 实施五向赋能策略，引领融合教育素养提升

围绕校本融合教育素养提升框架，学校制定了"五向赋能策略"，旨在为教师成长提供全方位支持。

```
                    1 个理念
                   融合教育理念
                 2 类知识
            普通学生身心发展规律、
         特殊教育需要学生身心发展特征
              3 项技能
         特殊教育需要学生筛查技能、
      普通课堂中实施差异化教学技能、
       特殊教育需要学生家校沟通技能
                4 种渠道
     获取融合教育相关政策的渠道、获取心理支持的渠道、
     获取区域资源支持的渠道、获取职业效能感的渠道
```

图7-3 市西小学教师融合教育素养提升框架

（1）区域资源赋能，筑牢融合教育通识性概念

2021年1月，静安区教育局发布了《静安区融合教育行动纲领（2021—2025）》；同年5月，区教育局推出全国首个职后融合教育知识与技能培训方案，由区域教育培训职能部门统一组织、统一要求，旨在为全区教师有效开展融合教育提供专业支持。学校也借区域推进的东风，组织全体教师参与此次培训（见表7-2）。

表7-2 区域融合教育通识课程主题

| 序号 | 主题 | 序号 | 主题 |
| --- | --- | --- | --- |
| 1 | 融合教育概念 | 2 | 智力障碍 |
| 3 | 阅读书写困难 | 4 | 肢体障碍和脑瘫 |
| 5 | 数学学习困难 | 6 | 听觉障碍 |
| 7 | 情绪与行为障碍 | 8 | 视觉障碍 |
| 9 | 注意力缺陷与多动障碍 | 10 | 资优儿童 |

续 表

| 序号 | 主　题 | 序号 | 主　题 |
|---|---|---|---|
| 11 | 孤独症谱系障碍 | 12 | 融合性课堂管理 |
| 13 | 言语障碍 | 14 | 通用学习设计 |
| 15 | 社交障碍 | 16 | 融合教育支持体系 |

同时，为了优化培训效果，在培训前，学校融合教育工作小组针对培训内容推出了前情提要，让教师们带着疑问和目标，以及自主学习的内驱力参与学习。

为了不让培训内容在脑海中一掠而过，学习后要求每名教师在组内分享最具启发性的知识、技能或案例，鼓励教师积累融合教育"微技能"。

（2）科研课题赋能，开展融合教育主题式研修

除了充分利用区域优秀资源外，学校科研室指导教师们以问题为导向，以科研为抓手，依托课题研究，开展校本研修。研修以区级课题为引领，划分为若干主题，包括学校教师融合教育素养现状调研，教师融合教育素养内涵框架探索，分层次、跨领域、多形式校本研究实践等。以教育科研的严谨态度和方法，为教师融合素养提升注入内涵式发展动力。

（3）骨干力量赋能，推进融合教育互助式探索

学校的"牵手爱"工作坊，是由资深班主任和心理教师主持。每月一次的活动总是先由"投石问路"展开，青年教师会先填写一张"问路单"，就融合教育推进中遇到的问题，提出求助问题。主持人收到单子之后会分类，深入研究之后，面对面解答。

对有情绪行为障碍的孩子，如何帮助他们度过情绪起伏期？心理教师来支招：运用儿童正念冥想、认知行为治疗（动物瑜伽趣味放松训练、游戏情绪红绿灯）、叙事（"我的情绪小故事"项目化活动）、曼陀罗绘画等一些心理辅导技术，帮助学生掌握一些情绪管理的技巧，通过反复练习，教会学生学会表达、释放、转移、转化情绪，从而具备自我管理情绪的一些基本能力。

对特殊教育需要学生的家长如何进行有效沟通？学校骨干班主任给出三

大策略：接纳孩子，与家长相互理解；主动交流，给出专业教育措施；态度一致，避免让孩子在认知和情感上产生矛盾。

这样的互助式探索，促使教师之间形成志同道合的研修共同体。

（4）信息技术赋能，引导融合教育素养自我提升

在建构教师融合教育素养内涵的基础上，围绕素养发展活动为核心KPI，构建教师融合教育素养发展指标体系，搭建信息管理平台，赋予教师专业发展的完整权利，让教师自己承担起专业发展的责任。

在建构指标体系时，首先细化每个领域的指标，如融合教育态度领域就包含师德表现、活动育人、全员导师、个人荣誉等，其次为各级指标制定评价标准并赋分，最后确定佐证材料。

同时，通过信息管理平台提供便捷的记录服务，可以随时把教师参与的活动记录下来，附上活动资料、活动小结，及时记录和留存。教师可依据学校预设的教师融合教育素养指标体系、通过日常记录逐步形成各领域的成长指数，便于了解自己在融合教育态度、知识、技能、获取资源四个领域的状态，并参照同类教师的发展状况，及时调整自己的发展计划和节奏，在均衡发展的同时，突出自身的特点特色。

（5）普特教研赋能，促进融合教育专业性发展

从教学实际来看，教师们在融合课堂中对于课程内容如何做灵活调整存在明显困难，往往通过降低难度、缩小范围来应对学生的异质性。因此，要提高胜任力，需要加强普特联动，资源共享，打破普教、特教各自发展的局面。

于是，学校依托静安区教研室、静安区特教指导中心，逐步建立普特联合教研机制，每个学期安排2—3次联合教研，在备课、磨课的过程中，特教教研员和学科教研员联手指导，使对于特殊需求学生的学习设计更有效能和针对性。

## 三、融合教育的师资成就之方

成就融合教育的师资队伍，学校着重将其与教师学习力建设结合起来。显

然，一支富有学习力的教师团队，会迈向融合教育的专业自觉。

"指向教师学习力提升的校本研修新模式构建的行动研究"，是学校承担的上海市教科研课题，主要致力于通过调研教师学习力发展的具体现状和真实样态，构建本校教师学习力发展的基本内涵要素；形成指向教师学习力提升的校本研修模式；建构指向教师学习力提升的校本研修运行支持系统；探索指向教师学习力提升的校本研修效果评估。这项研究和实践，对教师专业发展起着引领的作用。其中关于学习力的提升，是与建设为融合教育所需的教师队伍有着密切的关系。

学习力的提升，在客观和主观上，为从事融合教育的教师提供了动力、实力和能力。

### （一）学习力与融合教师

1. 什么是学习力

学习力：学习力是一个人（或一个企业、一个组织）学习的动力、毅力和能力的综合体现，是把知识资源转化为知识资本的能力。它由三个要素组成，即学习动力、学习能力和学习毅力。

教师学习力的核心概念界定包括以下几个方面：

主动性与积极性：教师学习力强调主动寻求学习的动力，具有积极向上的学习态度。这包括对于知识、技能、经验的主动获取，以及对于自我提升的积极渴望。

持续学习：教师学习力要求教师能够持续不断地进行学习，适应不断变化的教育环境和社会发展。持续学习包括自主学习、职业发展规划、参与专业培训等方面。

批判性思维：教师学习力需要教师具备批判性思维，即能够对所学知识进行深刻的思考和分析，不仅仅是死记硬背，还要能够灵活运用并质疑其适用性。

迁移与应用：教师学习力要求教师具备解决问题的能力，能够在面对挑战时灵活应对，同时培养创新意识，不断尝试新的教学方法和策略。

反思能力：教师学习力包括对自身学习的反思，及时总结经验，发现问题，调整学习策略，实现不断进步。

适应性与灵活性：教师学习力要求教师能够适应复杂多变的教育环境，具备灵活的学习方式，能够迅速适应新的教学理念、新的教材以及新的技术手段。

专业素养：教师学习力的核心概念还包括对教育专业的深刻理解，具备相应的教育知识和技能，能够在教学实践中不断提升自身的专业素养。

2. 学习力的不同阶段

学校对学习力内涵模型的建构进行了探索——

第一阶段：关注核心内容的教师学习力1.0版平面式模型。

学校在对"2—5年青年教师学习力提升"的研究中进行学习、分析、反思。根据学校特点，有了自己的解读，把学习力确定为这四点：学习动力、学习能力、学习意志力和学习创新力。将学习能力划分为顺应力、策应力、反省力、互惠力四个要素。

学习动力：指向目标要素，教师理解学习的作用和对自身发展的重要性；指教师对教育教学工作的热情和投入程度，是教师持续学习的内在驱动力。

学习能力：指向基础经验要素，包括策应力、互惠力、反省力、顺应力等；是指教师掌握和运用教育教学知识和技能的能力，是教师进行有效教学的基础。

学习意志力：指向意志要素，教师学习意志力体现在教师学习的持续力、抗压力和学习过程中自我监控的能力；是指教师面对困难和挫折时坚持不懈的精神品质，是教师克服学习障碍的关键。

学习创新力：指向成就要素，是教师主动学习、形成一定学习力后，创造力的自然生成；是指教师在教育教学实践中不断创新和改进的能力，是教师适应社会发展需求的重要保障。

而创造力的生成又能提升学习动力，继而又不断创新新问题，再激发新一轮的学习顺应力和学习能力，循环往复，教师学习力不断增强。

四种要素相互支持循环，通过综合作用，促使教师学习力呈螺旋形不断上升（见图7-4）。

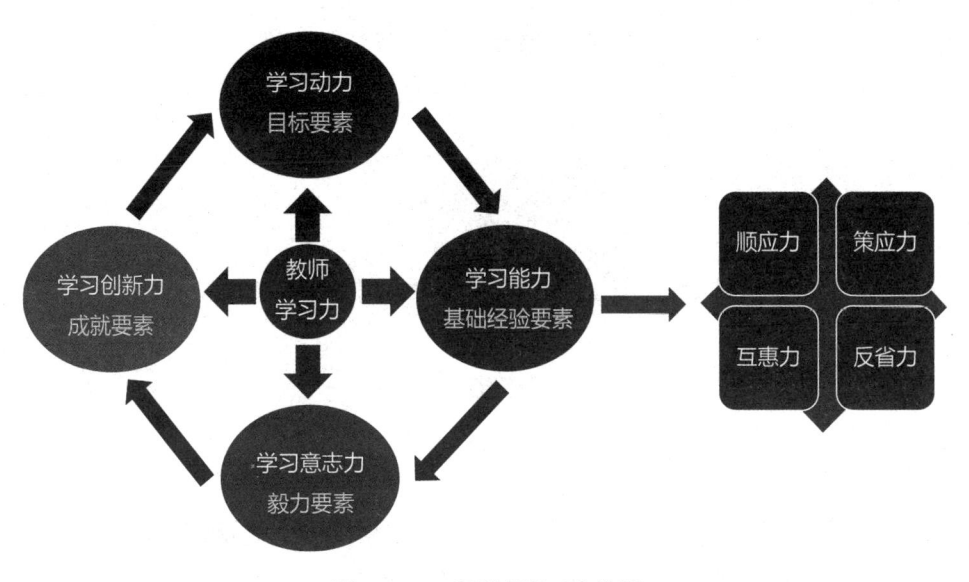

图7-4 1.0版教师学习力模型

1.0版教师学习力平面式模型包括的特异性，展示了教师学习力构成的主要部分。然而，这一模型的维度层次结构尚待完善，需要进一步细化和完善。

第二阶段：关注学习力内部逻辑关系的2.0版立体式模型。

在开题论证中，各位专家对初拟的学习力模型给出了建议。同时在进一步深入研讨中，发现教师学习力四种要素相互支持循环，成就要素是学习力唯一的外在表现，通过其他要素的综合作用，它会呈螺旋形的不断上升。而以往的教师发展履历也证实了这点。因此，本阶段修订、完善了教师学习力结构，学习动力、学习能力和学习毅力是同一维度层面，是学习创新力的基础。学习动力、能力、意志力和创新力共同构成三维立体结构，形成教师学习力模型2.0版（见图7-5）。

2.0版教师学习力立体式模型将学习动力、学习意志力和学习能力放在同一个平面，学习创新力构建在其他三个维度之上。这一模型既充分体现了学习创新力的重要性，也体现了教师培养实践中的难点和重点。在这个立体式模型中，学习动力、学习意志力和学习能力相互影响、相互促进，共同构成了教师学习力的内涵。学习动力是教师学习力的基础，学习意志力是教师学习力的保

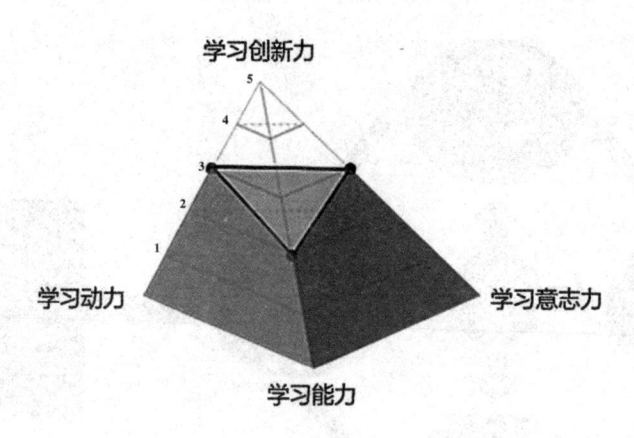

图7-5　2.0版教师学习力模型

障，学习能力是教师学习力的核心。只有三者协调发展，才能使教师具备全面的学习力。然而，这一模型没有充分体现学习动力、学习能力和学习意志力之间的关系，尚待厘清。

第三阶段：以教师学习力发展为导向的3.0版内涵式模型。

在进一步深入研讨中，发现教师学习动力、学习能力和学习意志力是构成教师学习力的最基本要素，而创新力则是学习能力中十分重要的一个组成部分。因此本阶段认同并采用了这版教师学习力结构，认为学习能力是教师学习力最主要组成部分，而学习动力、学习意志力则是学习能力发展的支持和保障；同时也对学习能力的组成进行了进一步解构，从低层次到高层次分别是理解内化力、迁移应用力和创新建构力。以此形成教师学习力模型3.0版（见图7-6）。

在后续实践中，为了凸显学习创新力的重要地位，将其作为一个单独维度，进行考察与研究。

3.0版教师学习力内涵式模型将学习动力、学习意志力作为支持元素，将学习能力作为主体元素，并对学习能力的内涵进行诠释，界定成三个层次，从低到高分别为理解内化力、迁移应用力，创新建构力。这一模型更加符合教师学习力的构成特点，有利于指导教师培养和教育改革。首先，理解内化力是指教师对学科知识的理解、领会和应用能力，是教师进行有效教学的基础。其

图7-6　3.0版教师学习力模型

次，迁移应用力是指教师将所学知识和技能运用到实际教育教学中的能力和水平，是教师提高教学质量的关键。最后，创新建构力是指教师在教育教学实践中不断探索新方法、新思路和新策略的能力，是教师适应社会发展需求的重要保障。

通过对1.0版、2.0版和3.0版教师学习力模型的分析，可以看出教师学习力模型的建构是一个不断发展和完善的过程。从平面式到立体式，再到内涵式，教师学习力模型逐渐趋于科学、合理和完整。这对于指导教师培养和教育改革具有重要的理论价值和实践意义。同时，教师学习力模型的建构还需要进一步丰富和完善，以适应教育改革的需要和发展。

对学习力的分析，使得学校对师资队伍在融合教育能力的提升方面有了参照系。

（二）融合教育的"四P"研修

教师学习力的提升有赖于在校本研修的实践中实现。学校对指向教师学习力提升的融合教育"四P"研修有着独到的理解和探索。

1. 组合新内容，凸显个性化（Personalization）

由于教师学习力发展现状和需求有较大差异，为了更加贴合教师们实践融合教育的真实需求，学校制定了更贴近教育情境的研修方式，设计促进学习力提升的不同内容主题模块，提供"n个基本模块＋n个核心模块＋n个定制模块"的多种搭配组合，供教师弹性选择。

（1）n个基本模块——普及型项目。普及型研修项目是每个教师都要参加的，包括形成融合教育共识、通用学习设计、学习困难界定与特征等，通过这些培训让教师们充分认知"尊重多样性"是融合教育的核心主张，了解融合教育学校的教学与管理中的基本内容。

（2）n个核心项目——不同群体提升项目。学校工作的正常运转，需要多个职能群体共同作用。针对提升不同群体的需求，学校组织开展了面向教研组长、年级组长、星级教师、青年教师、职初教师、项目化学习负责人等不同群体的专题研修。如面向班主任的"融合学校的班级管理"培训、面向行政团队的"融合学校的管理支持体系建立"的培训，面向学科教师的"个性化学习支持"培训等等。

（3）n个定制模块——个性化培养项目。个性化培养主要针对青年教师群体，因为他们亟须提升学习能力和学习意志力，同时也更容易激发出学习创新力。个性化培养主要借助学校师训品牌"彩虹青年学堂"中的各种项目，对青年教师开展体验式培训。体验式培训主要包括两种范式：

一是构建广泛式体验，创设学习共同体，聚焦学习动力与学习能力。广泛式体验是指进入校园的多个真实的教育现场，通过四大模块，全方位地给青年教师搭建体验平台，帮助他们快速进入教师角色。四大模块包括"专业精神与态度涵养""理论提升与教学实践""职业规划与人际互动"以及"创新能力与创新意识"。在广泛体验的基础上，这批教师往往会产生一些问题，希望理解教育情境、探究教育现象，此时，专业学习内驱力，即学习动力自然发生。通过在现实的教育情境中参与、学习、实践、感受，也提升了对教育情境的分析能力，并在体验、交流、反思中培养起理智的判断力，学习能力也获得提高，对融合教育的理解日益加深，使之成为自身教育行动生成的最终依据。

二是构建深入式体验，展开深度学习，提升学习意志力与学习创新力。深入式体验是让这批教师承担或参与学校的项目，将他们放到学校的活动中去历练。其中各类教学岗位的实习活动最受青年教师的欢迎。从2019学年开始试点"青年教师行政跟岗""彩虹之声123计划"等项目。仅两个学年就有十余位青年教师报名参加行政跟岗，6名教师顺利完成一年跟岗学习，收获颇丰。同时学校教研组长、年级组长、备课组长及班主任等重要的岗位中，出现了更多青年教师的身影，有近一半岗位由青年教师担任。这项活动受到了青年教师的欢迎，成为学校常规培训项目。经过历练的青年教师快速成长，学习意志力、创新力稳步提升，在对学校管理工作的持续关注、反复实践的基础上形成经验，自然步入深度学习。而且，在深度体验过程中，青年教师的人际沟通交往能力得到锻炼，这对他们未来的持续发展有着重要的作用。

2. 探索新路径，凸显精准化（Precision）

在设计校本研修初期，科研室进行了全校范围的调研。后续的所有活动都建立在前期调研结果和教师真实需求的基础上，打破以往"一刀切"的方法，精准设定研修目标。

（1）同质性群体，制定群体发展目标。为满足不同教师群体需求，力争做到精准定位目标群体、定制培训内容。例如在提升教师融合教育素养校本研修之教育信息化模块中，考虑到教师年龄跨度很大、教育信息技术基础参差不齐等情况，先调研需求，再定目标定内容。

在研修之初利用问卷对教师已有基础、期望获得的能力和帮助、最想提升的能力等内容进行了调研。在调研中特别加入了"你是否有兴趣成为教育信息技术研修的培训者"和"你能为学校教育信息技术研修提供哪些培训内容"这两项，目的就是为不同特长的教师提供平台，让更多的教师参与到校本研究的规划和实施中。经过调研教学部和师训部拟定了必修和选修两大模块。其中选修内容有针对班主任的《钉钉群的使用》，有针对综合学科教师的《手机视频也精彩》，有针对语数英学科教师的《深瞳优评数据解读》等。精准调研结果对应精心设计课程，供教师们选择。

（2）教师个体，定制个人发展地图。通过全校范围的学习力调研，已经确定了同质性群体的学习力发展目标。针对个人发展目标，结合学校及个人"十四五"发展规划，指导教师们定制个人发展地图。首先，通过学习力和教育能力的自测，绘制相关雷达图，更直观地展现个人发展地图的"起点"。其次，在学校提供的教育、教学、科研等多种校本研修中，选择最适合自己的发展途径，并积极参与其中。最后，为自己找到职业发展地图的目的地，谋定技能发展目标、寻找职业偶像、设定职业方向，朝向目的地前进。

**3. 采用新方式，凸显参与性（Participation）**

在研修形式的选择上，体现教师的参与性。通过开发灵活的研修场域（校内+校外）、充分利用线上+线下混合式资源、允许教师自主选择研修组织形式（小组+个人）、设计学分银行增加学习延续性、树立同侪榜样晋升导师等途径，鼓励教师更深层次地参与研修。

（1）提供多种形式，创设参与时空。以科研辅导为例，在线上教学期间，借助知识管理及协同创新平台（OKMS汇智等）、校园网、智能移动办公平台（钉钉、微信等）等信息化支持工具创建学校科研平台（见图7-7），同时借助集体学习的力量形成科研能力提升共同体。打破校园时空的限制，对教师们进行分层化指导、充分挖掘数字化资源，开拓教师们的科研视角。这样的线上辅导模式也延续到了寒暑假，帮助教师们利用自制短视频、校外优秀课程、优秀网络资源不断充电、赋能。

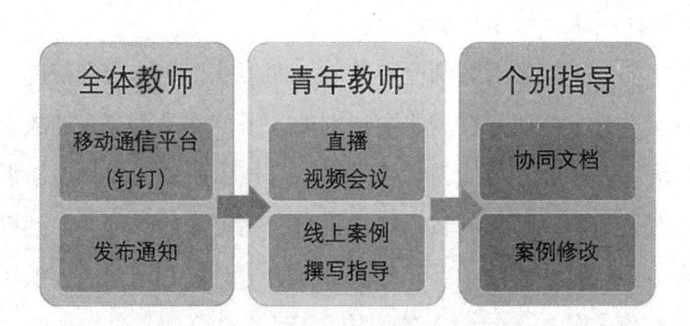

| 全体教师 | 青年教师 | 个别指导 |
| --- | --- | --- |
| 移动通信平台（钉钉） | 直播视频会议 | 协同文档 |
| 发布通知 | 线上案例撰写指导 | 案例修改 |

图7-7 学校线上科研平台及运行模式

（2）制定融合教育"学术积分"，激发教师内驱力。自2020学年起，学校开始试行"学术积分"制度，为每名教师建立学术档案，阶段性梳理教师参与教育、教学和科研等活动成果，形成学校的学术银行和学术资源库，激发全体教师自我提升的内驱力。个人层面上，对于处在职业倦怠期的教师而言，学分银行促使他们由被动学习转变为主动学习，学习积极性大大增强。一位教师这样总结道:"学术积分是一位无形且刚直的管理者,在不断鞭策我的成长进步。"同时教研组层面上,学校也对每个教研组参与学术活动的情况进行总结,作为绩效考核的重要参考之一,帮助教研组形成良好的学术氛围。2022年,学校专门构建了教师融合教育素养发展指标体系,搭建信息管理平台,细化每个领域的指标,如融合教育态度领域就包括师德表现、活动育人、全员导师、个人荣誉等,其次为各级指标制定评价标准并赋分,最后确定佐证材料。教师可以在平台上看到自己融合教育专项学术积分。

4. 发掘新问题,凸显专业性(Professionalism)

在研修内容的采撷上指向教师融合教育专业化发展,凸显教师学习力的情境性,着重培养进入现场、面对情境、解决问题的能力。促进教师融合教育专业化发展是校本研修重要目的之一,因此实践中,立足课堂,把课堂作为主要的研修场所;关注教学过程,在教学活动中提升教师能力。每学年研究一项融合教育实践中的热点问题(见表7-3),通过集体研修、主题论坛等形式,帮助教师提升学习能力。

表7-3 市西小学融合教育实践中的研修主题(2020—2024年)

| 序　号 | 融合教育研修主题 |
| --- | --- |
| 1 | 通用学习设计与差异化教学 |
| 2 | 融合教育中的教学适应与调整 |
| 3 | 融合性课堂中问题行为与处理 |
| 4 | 有效的家校合作关系 |
| 5 | 学习障碍儿童的支持策略 |

提升学习力能够支持教师的终身学习和个人成长,使他们成为学习的榜样,展示给学生如何主动探究和终身学习的价值与重要性。就教学改进与创新而言,当教师不断学习和应用新的知识与策略时,他们的教学方法将更加多样化和有效。教师学习力的提升不仅能够增进课堂教学的创新性,还能促进个性化学习,满足学生不同的学习需求和风格,真正促进融合教育的有效实施。同

时学习力的提升也是适应未来挑战,在快速变化的教育环境下,教师需要不断地提高自己的学习力,以有效地应对新兴的技术工具、教育理念及全球化带来的挑战。

因此,教师的学习力是他们专业能力提升的动力源泉,是响应教育挑战、促进学生成长的关键。教师学习力的提升意味着为每一个学生打造更高品质的学习体验和成就更好的教育效果。

# 第八章

# 资源配置：
# 融合教育特色发展的保障清单

# 第八章 资源配置：融合教育特色发展的保障清单

资源是教育的必备条件。教育是需要有资源的，资源是教育的"粮草"。融合教育，不仅融合了理念，融合了视域，而且融合了资源，融合了条件。

可以说，资源配置，是融合教育特色发展的保障。从某种意义上说，融合教育是对资源的重新认知、重新配备和重新融合。

## 一、资源教室

资源教室，是融合教育特色发展的必备保障。

教育部在《普通学校特殊教育资源教室建设指南》中指出："资源教室是为随班就读的残疾学生及其他有特殊需要的学生、教师和家长，提供特殊教育专业服务的场所。"

从理论层面来看，资源教室，是推进残疾儿童在普通学校随班就读工作的重要保障，是丰富特殊教育安置方式、落实融合教育要求的重要载体。

从实践层面来看，资源教室，就是设立在普通中小学，为在校进行随班就读的有特殊教育需要的学生提供特殊教育咨询、辅导和转介服务的教学部门。

可见，资源教室作为学校中特殊教育需要学生成长的重要场域，也是驱动融合教育发展的重要动力支持。

### （一）资源教室的显著特性

资源教室，具有融合教育所要求的物理空间、设施条件、活动空间以及人际空间。

作为中心城区的一所小学，学校占地面积不足7亩，但在区教育局的大力支持下，学校通过环境的迭代升级，以专业的态度，持续拓展适于融合教育发展的场域时空。

资源教室作为融合教育支持体系中的重要组成部分,具有以下几个显著特性:

1. 专业性

资源教室配备有专业的资源教师,具备丰富的专业知识和实践经验,能够为学生提供个别化、专业化的教学服务。同时,资源教室还配备了专业的康复器材和辅助技术设备,确保康复训练的科学性和有效性。这种专业性的保障是资源教室能够为学生提供高质量教育支持的关键。

2. 综合性

资源教室不仅提供学科教学服务,还涵盖了个案管理、心理咨询、康复训练等多个方面。它集聚了特殊教育课程教学、专业书籍、教具、学具、康复器材、辅助技术、评估量表及软件等多种资源,能够全面满足有特殊教育需要学生的多样化需求。这种综合性的特点使得资源教室能够成为一个全方位支持特殊需要学生的教育环境。

3. 服务性

资源教室的核心功能是为有特殊教育需要的学生提供服务。它不仅服务于学生个体,还通过提供咨询、培训等服务支持教师、家长和社区工作人员,促进家校合作和社区融合。这种全方位的服务模式有助于形成教育合力,共同促进学生的全面发展。资源教室的服务性特点体现在它不仅是学生学习和康复的场所,更是连接家庭、学校和社区的桥梁。

4. 灵活性

资源教室的服务方式和内容具有较高的灵活性。它可以根据学生的具体需求和实际情况,灵活调整教学计划、教学内容和教学方法。同时,资源教室还可以与其他教育资源进行整合,如与社区资源、网络资源等相结合,为学生提供更加丰富多样的学习体验。这种灵活性的特点使得资源教室能够适应不同学生的特殊需求,提供更加贴合实际的教育支持。

5. 个性化

资源教室强调个别化教学,针对每个学生的特殊需求制订个别化教育计划。这种个性化的教学模式有助于充分挖掘学生的潜能,促进他们的全面发展。在资源教室中，学生可以根据自己的兴趣、能力和学习进度进行学习，获得更加适合自己的教育支持。个性化支持是资源教室区别于传统教育模式的重要特点之一。

6. 辅助性

资源教室在普通学校中能起到辅助作用。它通过提供额外的教育支持和服务，帮助有特殊教育需要的学生更好地适应普通学校的学习环境，提高他们的学习能力和社会适应能力。同时，资源教室还可以为普通学校教师提供教学指导和支持，促进特殊教育与普通教育的融合。这种辅助性的特点使得资源教室成为促进教育公平和质量提升的重要力量。

应该指出的是，尽管资源教室具有很大的特殊教育功能，但绝不是融合教育的全部，也不是随班就读的唯一载体。有了资源教室，并不是把具有特殊需求的学生集中在这里，进行封闭式训练，就算完成了融合教育。事实上，普通学校开展融合教育，展开随班就读的优势在于，能让接受辅导的学生大部分的时间在普通班级中学习一般课程，部分时间在资源教室内接受资源教师的指导。学校建设资源教室，是要通过这种设施的配备，使特殊需求学生的潜能获得更大的发挥，而不是止步于物理空间的打造，是要让学生的缺陷在发展中得到补偿，同时发展社会适应能力，使他们得以在普通班级顺利地随班就读。

显然，资源教室，是在普通教育与特殊教育之间架起的桥梁，是资源教师利用资源教室的设备与校内外一切可利用的资源为特殊教育需要学生和普通班教师提供的服务与协助，它能使随班就读学生在普通教育中享受到特殊教育的专业服务和支持。同时，市西小学还将融合教育的理念通过资源教室的共享，让更多的学生受益。

（二）资源教室的建设历程

历经15年，市西小学资源教室的建设不断更新，经历了从1.0版的毛坯房到2.0版的样板房，从3.0版的全屋定制到4.0版的配套特色课程，资源教室条件的迭代更新，物理空间和功能区域划分都日趋合理，更贴合学生的需求。

从"这一个"到"每一个"——一所普通小学创造性实施融合教育的探索与实践

1. 初见雏形的1.0版资源教室

2010年，正值上海教育出现了小班化浪潮，市中心学校的班级平均人数从近50名学生缩减到30人左右。班额虽在变小，学生的个性特点却日益鲜明。学校地处静安寺——国际都市的中心，生源结构更是复杂多样。一年级的日本学生，只会讲两三句中文；来自保加利亚的男孩，经常依靠教师来调节家庭关系；四年级的澳大利亚龙凤胎写的文章全是倒装句；我国台湾地区的资优生不熟悉简体中文；等等。当然更多的还是学习困难学生。他们与特殊学校学生的区别在于躯体器质性障碍的情况较少，更多的是认知能力较弱、认知水平较低、情绪行为有障碍，这些困难成了影响他们适应普通课堂的障碍。如何帮助这样的学生融入普通学校的学习生活，成了学校要面对的一大挑战。

2011年，在区特殊教育指导中心的支持下，学校开始对特殊教育需要学生开展个别化干预。

当时，学校位于镇宁路的一条小弄堂里，空间逼仄，只能因地制宜，在一间空置的教室里对这些学生进行个别化教育。1.0版的资源教室更像感统教室，硬件设备是从区内的特殊学校借来的。当时，学校特殊教育需要学生普遍存在的问题是注意缺陷和运动失调，因此最初资源教室的设备以感统器材为主，如大龙球、平衡板、四分之一圆环等。同时，学校还聘请了华东师范大学特教系的两位教师作为客座教授，每学期来校做讲座和指导。教授们还将自己的研究生团队带到资源教室，与负责教师一边研讨，一边进行个训。大家设计了"高位感统课程"，通过注意力训练、认知任务、动作企划等项目进行干预，经过为期一年的训练，这一批孩子有了不同程度的进步，学校完成了第一次资源教学的尝试。

就是这样，在1间教室里，面向7名学生，使用10余种感统器材，历经1个学期的实践，学校的资源教室初见雏形。教师们也初次体验到特教与普教融合的成效，这种尝试也激发了教师们的信心。

2. 初具规模的2.0版资源教室

2014年，在区教育局及特教指导中心的引领和支持下，学校引入了1名专职资源教师，学校也由镇宁路迁至万航渡路。在新校舍规划之初，学校就辟出一间教室作为专用资源教室。这间教室位于学校综合楼二楼，毗邻心理室，可以资源共享。新的资源教室功能划分清晰,有运动训练区、认知辅导区、自主阅读区、教师办公区等。

在运动训练区,新购入了儿童肋木、平衡踩踏车、跳跳袋、乐高拼搭积木、儿童沙袋等设施设备,移走了那些大型的、用法单一的感统设施。还将资源教室的一面墙和部分顶棚改造成攀岩墙,取代了传统感统教室中常见的海洋球池。

这些设备更符合儿童游戏心理,更吸引学生主动训练,促进肌肉发展及手、眼、身体协调发展。

3. 乘势而上的3.0版资源教室

2015年初,"静安区特殊教育资源中心"正式在学校挂牌成立,学校决定乘势而上,进一步探索资源教室的建设。

(1) 升级改造硬件环境

2015年,上海市教委专门印发了《上海市普通学校特殊教育资源教室装备配备指南(试行)》的通知,对上海市普通学校资源教室的设施设备、教学具、康复设备的配备以及其他个性化支持性资源进行了细致具体的规定,引领了各区资源教室的规范化建设。

学校也参照配备指南,对资源教室的位置和功能区划分进行了调整,将资源教室迁至学校操场边的6号楼的一楼,这一层共四间教室,共200平方米,经过精心设计,囊括了认知、运动、社会交往、学业辅导、生活技能等多个功能区。

(2) 引入蒙氏教学法

2017年暑假,学校5名教师参加了区里组织的蒙台梭利教学法培训,通过培训,大家了解到,"蒙氏教育强调尊重儿童的自然发展规律,通过科学观察和个性化引导,培养儿童的独立性、专注度和社会性"。这种教学法有助于特殊教育需要儿童在包容的环境中发展自己的潜能,根据自己的节奏学习。而丰富的学具能让他们亲手操作,更直观地理解和掌握知识,还培养了学习兴趣。

于是资源教室引入蒙台梭利教学法,购入蒙氏教具,对更多教师做了培训。在实践中,教师们发现,在孤独症儿童的教学中,蒙氏教学法展现了显著成效，通过蒙氏教具的训练，孤独症儿童在模仿能力、专注力、平衡能力、视觉辨别能力、手眼协调能力方面都得到了有效提升。

为了让蒙氏教具发挥更大的作用，教师们也对蒙氏教育在普通学校中的应用进行了更深入的研究。

在沈明芳副校长的带领下，数学学科组根据蒙氏学具的名称与作用分类，将教具内容与教学内容相匹配，形成了一览表（见表8-1）。

表8-1 蒙氏教育与小学数学知识点匹配一览表

| 学习目标 | 蒙氏学具 | 作用 |
| --- | --- | --- |
| 10以内数量的认识 | 数棒 | 1—10长度的量 |
| | 仿锥箱 | 1—10数的认识 |
| | 数字与筹码 | 奇数和偶数的认识 |
| | 彩色串珠棒 | 连续数的认识 |
| 十进位法 | 数字卡 | 认识1、10、100、1000 |
| | 串珠 | |
| 20以内加减法 | 各色串珠棒 | 10的分与合满十进一 |
| 序数的认识 | 塞根板 | 11到19的数 |
| | 连续数板 | 1—100数的认识 |
| | 10、100、1000的串珠链 | 感受这些数 |
| 平方和立方 | 平方串珠链 | 认识平方 |
| | 立方珠链 | 认识立方 |
| 四则运算 | 加法板、减法板 乘法板、除法板 | 加减乘除 |
| 分数 | 分数板 | 了解整体与部分的概念 |
| 几何 | 几何图形卡片 | 平面图形和立体图形 |
| | 立体几何组 | 理解代数概念：二项式、三项式、平方根 |

这样，让教具与教学内容相匹配，做到了物尽其用。教师们还在操作过程中加入了语言提示，增进学生理解，吸引学生持续关注，培养学生用规范的数学语言表达的能力。学校将这样的操作过程拍成了微课，形成了微课资源库，供学生作为自主学习材料，可反复观看。其中两个微课资源被中宣部"学习强国"收录，作为线上学习资源在全国范围推广。

（3）扩大服务对象范围

随着资源教室条件的升级优化，它的服务对象也从学校的随班就读学生扩展到辖区内有特殊教育需要的学生。

2020年，学校成立了"爱+融合教育发展中心"，秉承"服务特教，惠及师生"的服务理念，面向静安南片区以"小学"段为主的有特殊教育需要的学生，为其提供教育评估、制订康复方案、开展个别化训练和教育咨询等服务，助推静安小学融合教育发展。

根据发展中心的师资配备与教学资源，主要提供以下服务：

① 感觉统合训练。针对感统失调的低年级儿童，提供矫治、康复训练服务，培养大小肌肉群的活动能力、反应能力和协调、平衡能力，促进大脑机能缺陷的补偿。利用运动器具进行训练，提高肢体力量，增强身体素质，使身体各部分动作协调，增加肢体灵活性。

② 生活适应训练。针对发育迟缓学生，运用蒙氏生活教具和健康厨房等场所，开展生活、感官、文化等教学活动，促进学生生活、精细动作、语言等各方面能力的发展，使其体验到成功的喜悦。

③ 语言交往训练。根据学生实际情况，提供语言训练、社会交往训练等，提高学生社会交往能力和社会适应能力，促进其深度融入普通班级。

④ 教师培训指导。面向教师开展巡回指导活动，深入开展普特融合协同研究工作，着重从融合教育的情感激发、态度培养、观念焕新、基本技能形成等方面开展多样式的培训，提升教师专业素养及专业服务技能。

⑤ 家长咨询服务。定期为家长开展咨询和指导服务，向家长和社会积极宣传融合教育理念，帮助家长了解学生发展需求和特点，为家长提供不同类型儿童康复训练方法，实现家校共育。

在本校践行融合教育的同时，融合教育发展中心也在区域发挥辐射引领作用。每学期学校都为片区内其他学校提供讲座、咨询、个训、家校沟通等服务，2020年至今已累计提供各项服务百余小时。

4. 颇具特色的4.0版资源教室

资源教室在建设过程中无论是毛坯、简装还是精装，都会配套专业的安置措施和活动设计，这些都是力求最大化发挥特殊教育需要学生的潜能，让学生的缺陷在发展中得到补偿，同时培养他们的社会适应能力，使他们得以顺利融入普通班级的学习。

因此，"资源教室"的概念绝对不仅是物理空间，在升级物理空间的同时，学校一直在尝试开发配套软件。2020年以来，已经添置了"特殊教育需要儿童评估干预系统（随班就读版）""资源教室管理系统"，尝试使用"特殊教育需要学生一人一案生涯发展平台"记录和管理随班就读学生情况。

同时，资源教室也在不断引进、开发适于特殊教育需要学生参与的课程活动。

（1）巧手布艺"慧"创造

2023年，学校在资源教室引进了布艺项目，购买了小型缝纫机、绣花机、布料、针线等工具材料。这个项目为特殊需求学生多次开设了专场，在教师耐心细致的鼓励下，孩子们动手动脑，不仅爱上了布艺，也获得了多方面锻炼。

① 提升动手能力与手眼协调能力

布艺活动课涉及剪裁、粘贴、缝制等手工活动，这些活动要求儿童精细操作手部，从而提升手指的灵活性和手眼协调能力。对于特殊需求儿童而言，这种精细动作的训练尤为重要，它不仅有助于改善他们的生理机能，还能为他们日后进行更复杂的活动打下基础。学习过程中的平针缝、回针缝、藏针缝、锁边缝等手缝训练，帮助他们锻炼了手眼协调能力。

② 激发创造力与想象力

布艺活动提供了丰富的材料和多样的创作方式，儿童可以根据自己的想象和创意，自由选择不同颜色、形状、质地的布料进行拼接和组合，创造出独一无二的作品。这种自由发挥的过程能够极大地激发特殊需求儿童的创造力和想象力，让他们在游戏中学习，在创造中成长。

③ 培养观察力与审美意识

在布艺制作中，儿童需要仔细观察布料的颜色、图案和质地，思考如何搭配才能产生最美的效果。这一过程不仅锻炼了他们的观察能力，还培养了他们的审美意识。通过不断的尝试和比较，特殊需求儿童也逐渐学会如何运用色彩和材质来表达自己的情感和想法，提高了他们的艺术审美能力。

④ 促进情感表达与沟通能力

布艺作品往往承载着制作者的情感和想法。特殊需求儿童可以通过作品来表达自己的内心世界，这种表达方式比语言更为直观和生动。同时，在创作过程中，他们还可以与其他儿童或教师进行交流与合作，还能培养起他们的沟通能力和团队协作精神。2024学年第一学期，恰逢学校在开展传统文化活动"好戏连台韵味长"，孩子们在布艺课上每人做了一块"戏曲脸谱拼贴画"，并把自己的名字绣上。元旦前，教师带着16个孩子把一块块小作品拼成一幅大作品，送到学校的儿童展馆"星空间"展览，孩子们收获了满满的成就感。

⑤ 提供安全且触感丰富的体验

布艺材料柔软、安全，不会对特殊需求儿童造成伤害。同时，丰富的触感体验也有助于他们更好地感知和理解周围的世界。这种安全且富有触感的学习环境有利于特殊需求儿童的成长和发展。

⑥ 增强文化认同感

在布艺课上，教师会融入传统文化的元素和故事，如民间传说、传统节日等。通过学习和制作这些具有传统文化特色的布艺作品，特殊需求儿童了解到了更多的传统文化知识，增强了他们对中华传统文化的认同感和归属感。

（2）膳食平衡"慧"生活

学校语文学科组的宋芳老师利用业余时间学习，获得了高级营养师资格证。她也主动担当起了学校"健康厨房"社团的主理人。"健康厨房"就位于资源教室中的"慧生活"区域。

2020年，学校委派宋芳老师与全球儿童安全组织中国区项目团队合作，开发了"健康厨房食育"课程，从营养学角度出发，让孩子充分了解健康与食物的关系，学习根据合理的膳食结构进行一日三餐的搭配。

学习膳食平衡的食育课对特殊需求儿童具有重要的意义，主要体现在以下几个方面：

① 响应特殊营养需求

特殊需求儿童由于身体状况、代谢需求可能与普通儿童不同，他们的饮食需求也往往更加复杂和特殊。膳食平衡的食育课能够针对这些特殊需求，提供个性化的饮食建议和指导。例如，对于需要高蛋白饮食的注意缺陷多动障碍儿童，或者需要低糖、低脂肪饮食的代谢问题儿童，食育课可以帮助他们更好地理解和实践这些特殊的饮食要求。

② 培养健康饮食习惯

通过膳食平衡的食育课，特殊需求儿童可以学习到如何选择健康的食物、如何搭配食物以达到营养均衡，以及如何控制食物的摄入量。这些知识和技能不仅有助于他们改善厌食、偏食、挑食等不良饮食习惯，还能帮助他们建立终身受益的健康饮食习惯。这对于提高他们的生活质量、预防疾病以及促进康复都具有重要意义。

③ 提升生活自理能力

学校的这门食育课不仅有深入浅出的理论讲述，还有深受孩子欢迎的实践操作环节，如烹饪、食品制作等。这些活动能够锻炼特殊需求儿童的动手能力，提升他们的生活自理能力。通过亲手制作食物，他们可以更好地理解食物的制作过程，学会如何根据自己的口味和营养需求来选择合适的食材和烹饪方法。这对于他们未来的独立生活具有积极作用。

④ 促进社交与情感交流

在食育课程中，特殊需求儿童与其他同学一起参与食物的制作和分享活动。这不仅有助于增进他们之间的友谊，还能提升他们的社交能力。通过共同完成任务和分享成果，他们学习倾听、表达和合作，这对于他们的情感交流和社交发展具有积极作用。

⑤ 增强食品安全意识

食育课上，教师还进行食品安全知识的传授。孩子们了解了食品保质期、食品储存方法、预防食物中毒等知识，增强了食品安全意识。

（3）心灵愉悦"慧"调适

在资源教室里有一个"心悦坊"，学生的"知心姐姐"——心理教师会在这里带着他们玩沙盘游戏，使用有趣的语音宣泄器让他们尽情放松，分享心理绘本故事……2023年，还引入了"儿童正念冥想"，通过呼吸观察、正念伸展、正念行走、游戏化冥想体验、渐进式练习帮助特殊教育需要儿童在生理、心理和认知层面得到提升。

① 生理层面：促进身体健康与改善睡眠质量

经过正念冥想训练，儿童更专注于呼吸和身体感受，有助于降低应激反应，减少紧张和压力对神经系统的不良影响，能够降低心率，更好地放松身心，提高睡眠质量。

② 心理层面：助力情绪调节与压力缓解

正念冥想有助于特殊需求儿童学会观察和理解自己的情绪，从而更有效地管理情绪，减少情绪冲动和反应性行为，接纳自己的情绪。这些孩子在日常生活中往往会面临更多的压力和挑战。正念冥想作为一种放松技能，能够帮助他们提升内心的平静和安宁。

③ 认知层面：提升注意力与增强思维清晰度

正念冥想强调当下的专注和觉察，通过持续的冥想练习，特殊需求儿童能更好地集中注意力，有助于清理杂念，使思维更加清晰，享受到内心的平静和专注力的提升，有助于他们在学习和生活中做出更明智的抉择。

4.0版资源教室里富有特色的课程活动为特殊教育需要儿童提供了多样化的体验，更好地促进了他们与普通学生的交流与融合，提高了他们的社会适应能力。

5. 令人期待的5.0版资源教室

2025年，市西小学获得了上海市儿童友好学校项目的支持，学校计划以此项目为基础，于2025年暑期对资源教室进行进一步升级优化。

资源教室的建设不仅是设施的完善，更需体现对儿童成长和需求的深刻理解。在设计阶段，学校听取了教师、家长以及学生代表的意见，以最大限度贴近使用需求。5.0版资源教室将会重新组织动线和布局，四间教室之间使用移动门帘进行空间划分，建构出复合型、多元化、开放式使用的空间。提供足够的灵活性，支持特殊需求学生的康复训练和普通学生的游戏、互动学习等多样化课程。

在材料和色彩上也会避免强烈的视觉冲击，用低饱和度色彩营造家的氛围，有利于舒缓学生情绪。例如为感统障碍学生设置柔和光源、隔音区域。还会设置互动墙贴与展示柜，鼓励学生展示学习成果，促进生生之间、师生之间的交流，让资源教室成为校园里最温暖的地方。

5.0版资源教室，还会陆续引进更为专业的设施设备：

① 丰富专用设备配置

针对不同障碍支持学生的需求，选购专业化设备将会给学生带来实质性帮助。例如引进"低视力学生专用设备"，包括大字版教材和读物，以及为视力障碍学生提供适合其阅读需求的教材及课外书籍；书写辅助工具，如低重心的书写笔、握笔器、可调节书写板，帮助学生克服书写困难；扩印机，专为低视力学生制作大字版练习卷、教材等，可以提升其学习参与度。同时考虑增加前沿辅助技术设备，例如语音输入输出设备和屏幕阅读软件，帮助视力障碍学生高效获取信息；智能辅助器具（如动态姿势分析仪），为康复训练提供科学依据；多功能学习工具（如AR/VR设备）用于增强教学互动性，特别是在科学实验和艺术创作领域。

② 加强无障碍设备配置

引入触觉标识、盲文标识以及语音导航设备，方便视力和听力障碍学生的校内活动。采用墙面软包的材料、有防滑措施和低噪音技术设备。

③ 信息化管理与教学支持

引入基于云平台的管理系统，用于教室使用安排、设备状态监测、维护记录等。通过智能化评估工具，对学生个性化学习进展和康复训练成效进行实时跟踪，并生成数据分析报告，指导后续教学。同时建设教育教学资源和康复训练课程等资源库。

为了保障资源教室的正常运行，学校出台了《市西小学资源教室管理使用制度》，制度中明确规定了资源教室的运行常规，如资源教室职责、资源教室管理方法、资源教室器材使用方法及其他注意事项。

当然，作为普通学校的资源教室，不仅可以为特殊教育需要学生服务，也可以为普通学生和全校师生服务。目前，学校的资源教室为低年级数学课、体育活动课、拓展课、社团、课后看护班、整本书阅读课等提供了场地和设备。这样的安排将资源教室"去标签化"，用空间的弹性实现了教育的融合。

## 二、资源教师

资源教室的硬件设施固然重要，但最核心的资源还是"人"。普通学校要建设优质的资源教室，离不开一支专业的运作团队。在市西小学，这支团队的成员包括校长、教导主任、年级组长、心理教师、班主任、任课教师、家委会代表、社区志愿者，其中的核心人员就是"资源教师"。

### （一）资源教师的身份

1. 什么是资源教师

为提高残疾儿童少年义务教育普及水平，教育部等七部门颁发的《第二期特殊教育提升计划（2017—2020年）》中提出，"优先采用普通学校随班就读的方式，重点选择部分普通学校建立资源教室，配备专门从事残疾人教育的教师（资源教师），指定其招收残疾学生"。资源教师是资源教室中承担资源教学、日常管理和行政事务等多方面工作的资源人士，他们不仅负责资源教室工作的运营，而且是随班就读整体工作的组织者，是学校特殊教育工作的核心人员，其能力水平直接影响着融合教育的成效。

简言之，资源教师是以融合教育为先导，以随班就读为依托，以资源教室为载体而实施特殊教育的人才。

2. 资源教师应具有的素质

资源教师作为特殊教育而存在，作为融合教育而显能，在实现教育公平、均衡、优质中独树一帜，具有特殊的使命，需要具备专业精到的技能，使之首先成为不可或缺的资源。

首先，资源教师在用平等、专业的眼光看待每一个学生方面，应更具"资源优势"，既关注特殊教育需要学生，又正视普通学生的诉求。

其次，资源教师要在因材施教，学会将学生之间的差异变为差异教育财富上更具"资源优势"，树立科学合理的差异观，注重实施差异化教学。他们应当是因材施教的能手、差异化教学的好手。

再次，资源教师要在树立合作教学的理念，学会整合课堂、学校及社会的资源上更具"资源优势"，及时与其他教师、学生家长进行沟通协作，充分实施合作教学，切实帮助特殊教育需要学生融入普通班级，在满足其个别化需求的基础上，实现教学效果的最大化。

资源教师的身份，来源于融合教育。资源教师，又同随班就读、资源教室、融合教育活动联系在一起。

（二）资源教师的作为

1. 资源教师的定位

资源教师的定位，决定了其在学校随班就读和融合教育中的地位和作用。

与一般教师相比，资源教师的特定职责，赋予了特定的功能。

首先，资源教师是资源教室的主力，他们对资源教室的使用和维护具有客观的职责，对资源教室的建设与发展具有最大的发言权。

其次，资源教师是资源教室教学的主导，对依靠资源教室进行特殊教育和教学负有重要责任，在资源教室教学上具有专业优势。

最后，资源教师是开展融合教育的主角，对随班就读的开展和融合教育的实施具有义务，在学校落实融合教育政策、决策、安置建议等方面可发挥专长。

一个称职和专业的资源教师，可以说是学校随班就读和融合教育工作的"权威性人物"。

2. 资源教师的选拔

资源教师是学校有效实施融合教育的"核心资源"。从实际来看，资源教师在普通学校属于"稀缺资源",就上海市来看,每所学校不到1名,多数资源教师须服务辖区内多所学校。

如果从职业分类和专业角度出发,资源教师是教育的专业人士。这样的专业教育工作者,理想的话,应当从专门的师范大学和教育学院的专业培养中产生。

就目前现状而言,资源教师的来源有这样几个渠道:

一是从专门学校培养的专业学生中选拔。主要依靠专业对口的师范院校进行有目的、有计划、有规模的培养。市西小学2014年引进的资源教师,就属于这类,由区教育局下发编制,学校申请接收。这类专门的资源教师,由于"根正苗红",对特殊教育和融合教育有其特定的理解和认知,比较容易上手,是学校实施随班就读和融合教育的理想人选。

二是着力在校培养兼职资源教师。由于资源教师编制相当有限,要大规模地开展融合教育,必须坚持走学校自培的道路。心理教师、大队辅导员、德育负责人等或对融合教育非常感兴趣,且有爱心、有意愿、业务能力较强的教师,都是除了专业人士之外最好的"第二梯队",经过长期培养和深造,可成为学校开展融合教育的主力军,且阵容会逐渐庞大。以市西小学为例,第一位拥有资源教师岗位资格证的是学校的德育教导,是融合教育直接负责人,一路推动了学校融合教育的发展。后续,学校的心理教师、卫生教师和骨干班主任都先后参与过静安区资源教师培训班,极大助力了学校融合教育的发展。

三是学校对全体教师展开全员培训,普及"资源教师"意识。说到底,融合教育并不是专为有特殊教育需要的学生准备的,其理念对全体教师的教育行为是完全适用的。学校长期开展融合教育培训,引导全体教师人人具有"资源教师"意识,具有初步的融合教育专业知识与技能。

尽管资源教师由不同的渠道获得,但本质是一样的、本职是共同的,本色是共有的。

3. 专职资源教师的培养

一名资源教师的成长离不开学校的悉心培养,学校的支持会助力资源教师的专业精进。

（1）给予专业培训和研讨机会

融合教育的发展需要资源教师不断学习，学校不仅可以提供相关书目鼓励教师自主学习，还应舍得安排时间送资源教师外出培训、参加研讨活动，增长其见识，开阔其视野。区级、市级乃至全国都有融合教育培训，这样的培训能很快提升其专业素养。

学校目前的资源教师宋佩涵老师毕业于华东师范大学特教系，在工作中她边学习边实践，参加了各级各类的专业培训和研讨活动，学习了最新的理念和方法，目前已经成为教育部-联合国儿童基金会"中国融合教育推进：教师专业能力提升项目"的核心培训师。

（2）鼓励参加各级各类专业评比

资源教师也有市、区级相应的教学比赛，有专题的课题立项研究、教学研究成果征集等活动，学校应鼓励资源教师参加专业"比武"，不仅可以促进其提升专业能力，还能增强其职业认同感和成就感，助力其打通职称晋级通道。

（3）倡导普通教师与资源教师合作

只有普通教师和资源教师有效协同，才能为特殊教育需要学生提供最恰当的教育支持，普通教师熟知学科教学目标、教材教法，资源教师了解学生的学习风格、认知特点，掌握课程调整技能，两者分工合作，各自发挥专长，彼此分享经验，能促进专业成长。

（4）给予团队支持与项目探索

学校配置了专职资源教师，并不代表学校资源教室的运行和学校融合教育的发展重任都由其一人独立承担。过重的工作任务会消耗教师的工作热情，必须通过团队的力量支持资源教师开展工作。同时还应给予资源教师思考和探索的空间，鼓励其做些自己感兴趣的项目。

市西小学的融合教育团队在资源教师和心理教师的引领下，针对学生的社会情感学习进行了系统性研修，让整个团队都有获得感；资源教师和数学教研组合作，针对数学学习障碍学生，开展了数学绘本阅读活动，数学绘本展现了贴近生活经验的场景，让数学概念或问题在生活情境中发生，使学生体会到生活中有很多有用、有趣的数学知识。

学校对一名资源教师的培养可以从专业知识与技能培训、教学实践与能力提升、沟通与协作能力、持续学习与发展意识培养以及职业道德与责任感培养等多个角度进行。这些措施会提升资源教师的专业素养与教学能力，为特殊教育需要学生提供更优质的服务。

## 三 资源利用

融合教育强调资源的利用，让学校处于资源的中心。

### （一）开辟渠道

在推进融合教育在学校发展的进程中，需要各方资源的支持，学校从以下几方面着手：

一是加强与区特殊教育资源中心合作，通过联络纽带，定期开展有组织、有系统的培训等活动；

二是深化与融合教育专家的合作，发挥专家学者的专业引导作用，共同探讨融合教育的教学模式和方法；

三是争取政府和社会的更多支持，更新融合教育硬件配置，根据需求合理配置资源教室和硬件设备，同时充分利用数字化技术，建设智能化管理平台；

四是适当调整绩效奖励方式，通过薪酬、职称晋升、岗位津贴等方式，提高教师参与融合教育的积极性和创造性。

### （二）权威引领

学校融合教育文化建设离不开优秀资源的支撑，需要得到专家的引领和支持，从而完善顶层设计，为学校融合教育的发展提供强大的动能。

教育部-联合国儿童基金会"中国融合教育推进：教师专业能力提升项目"核心团队、华东师范大学融合教育研究院，多次帮助学校制订科学的融合学校的顶层规划，描绘融合教育文化建设蓝图。同时从专家角度解读相关政策，发挥政策引导作用，为学校提供有力的支持。

作为上海市融合教育课程调整与实施项目实验校，学校得到上海市教研室、市教委教育技术装备中心的资源支持。

静安区教育局、教育学院及特教指导中心等教育主管部门，为学校的融合教育发展提供科学指引，也为学校融合教育发展提供各种保障。

### （三）医教结合

医教结合是融合教育发展的新能源。学校将医教结合纳入学校的随班就读工作计划，以医学诊断为科学依据，围绕学生特点，开展个别化教育。学校常年与区特殊教育指导中心、儿童医院等单位保持良好的合作关系，这些机构常到学校巡回指导，互相交流，共同合作，促进特殊教育需要学生的发展。

### （四）高效借力

学校自编了一本《市西小学融合教育行动手册》，其中的重要一章为"资源支持指南"。在这个章节中，罗列了一系列视频资源，比如融合教育教学资源、融合教育能力提升国家级示范性培训、融合教育优秀案例、孤独症教学策略、融合教育常见问题行为对策微课……教师只需扫一扫，便可轻松获得这些优质资源来助力自己的教育教学。

资源配置是融合教育成功实施的关键支柱，它不仅关乎学生个人的成长，更是社会公平与进步的体现。通过系统化、动态化的资源管理，融合教育才能真正实现"一个都不能少"的愿景，为所有学生创造包容、优质的学习环境。

## 第九章

# "校家社"协力：
# 融合教育广泛发展的培土浇灌

## 第九章 "校家社"协力：融合教育广泛发展的培土浇灌

融合教育视域下的"校家社"协同是一个重要而复杂的议题，它强调了学校、家庭、社会在教育过程中的紧密合作与相互支持。在育人过程中充分发挥学校主导、家长主体和社会支持的协同育人职能，不仅能强化学校教育主阵地的作用，还能使家庭教育主体责任更加到位，社会育人资源利用更加充分。"校家社"各展优势、密切配合、相互支持，能够切实增强育人合力。

融合教育，更需要学校教育与家庭教育、社会教育的融合，这是一个系统工程。通过建立协同育人机制、创新协同育人模式、强化"校家社"沟通与合作、整合社会资源以及提升教师专业能力等措施，可以为每一个学生创造一个更加优质的教育环境。

"校家社"协力，这是对融合教育广泛发展的培土浇灌。

## 一、建立"校家社"协同机制

"校家社"协同育人，即学校教育、家庭教育、社会教育三方协同起来共同承担育人责任。三方都应明确其主体责任、分工和界限，构建全新的合作伙伴关系，使教育资源得到更有效的利用，从而促进学生健康成长。

学校和家庭在教育中扮演着不同的角色，有着各自的职责。家庭是孩子的首要支持者和教育者，学校则是教育的主导者、合作平台的构建者和资源的提供者。

市西小学一贯高度重视家庭教育工作，将家庭教育工作列为学校教育管理的一项重要内容，形成了以学校为主导、以家庭为基础、以社会为依托的"校家社"三结合教育环境，增强了学校教育的合力。

学校积极发挥主导作用，以提高家长家庭教育能力为目标，力求做到"两坚持"——坚持家长是教育的合作伙伴，坚持一切为学生成长服务，积极探索和总结家庭教育的成功经验及方法，促进"校家社"协同，营造良好的教育生态。

学校为此从整体层面，对"校家社"协作进行了制度性安排，给予融合教育实质性的支撑。

### （一）统筹规划，稳步推进

学校与社区签订合作协议，共同建设儿童友好型社区。

学校把家庭教育指导工作纳入学校章程与发展规划，成为学校发展蓝图中的重要组成部分。

学校章程第十九条明确了建立三级家委会、组建各职能部门，第二十条中强调了"学校依法实行校务公开，建立健全校务公开的制度规范，切实保障教职工、学生、家长、社会公众对学校重大事项、重要制度的知情权、参与权、表达权和监督权。公开信息坚持公平、公正、便民的原则，体现及时、准确、规范的要求，努力规范学校管理，提高办事效率，提供优质服务"。

学校四年发展规划中提出了"深化家庭教育指导，争创家庭教育示范校"的目标，进一步完善家委会各职能部工作，加大家委会、家长志愿者参与学校民主监督管理的力度，进一步挖掘社区、家长资源，丰富家长学校、家庭教育指导超市、家长大讲堂等家庭教育课程资源，提升"校家社"协同育人实效。

学校年度工作计划中提出，"进行新一届学校三级家委会委员聘任，办好家长学校、家庭教育专刊《爱之语》，建设好校本家庭教育资源库"。

从章程、规划到年度计划、学期计划，学校始终把家庭教育放在极其重要的位置，有计划地稳步推进家庭教育工作，校家社携手共育，为学生的健康成长保驾护航。

### （二）健全组织，完善制度

学校成立协同育人工作领导小组。由学校领导、家长代表、社区负责人共同组成，负责协调"校家社"协同育人的各项工作。

学校建立家庭教育指导领导小组。领导小组由校长、书记、学生发展部主任、大队辅导员、年级组长与家委会主任、各部门部长等组成，全面负责学校家庭教育工作的整体规划与实施。学生发展部具体负责紧密联系家委会，共商学期工作；年级组长和班主任分别负责年级和班级的家委会工作。

学校健全家庭教育制度，完善了《市西小学家长学校的日常管理制度》《家校互动制度》《家长开放日制度》《年度好家长评选方案》，与社区负责人、家委会共同制定了《协同育人工作制度》《市西小学家长委员会工作指南》，明确了家长委员会的权利与义务，规定了每学期的校级家委会例会制度、家长大讲堂、平安护校志愿者制度等。家委会工作由主任、秘书长和部门主任形成核心团队，定期召开工作例会，及时做好、跟进与学生有关的工作，挖掘家庭教育指导人才，征集家庭教育工作经验谈等。

学校倡导"家长好好学习，孩子天天向上"。2023学年推出了《家校共育记录册》，家长每参加一次家长学校活动，手册上就获得一枚学习印章，印章可兑换积分，作为"年度好家长"的评选依据之一。

对于高支持需求的学生，学校也成立了核心团队，组长是资源教师，主要成员有该生的学科教师、班主任、导师、年级组长，还有专职心理教师。团队成员会定期研讨，并经常与家长保持密切联系，共同为特需学生提供专门支持。

有了工作机制和完善的制度保障，使得"校家社"协同育人工作有序有效开展。

（三）加强培训，优化师资

为了使家庭教育工作有品质，学校重视家庭教育工作指导者的队伍建设，把指导家庭教育的能力作为德育队伍建设中一项重要内容来抓，组织教师认真学习了《全国家庭教育指导大纲》《上海市0—18岁家庭教育指导内容大纲》《家庭教育促进法》，明确各年龄段家庭教育的任务，认识到了家庭教育的重要性。

为了提高管理者的自身素质，校长、德育副校长、学生发展部主任、心理教师、家委会部门主任及校级家委会委员积极参加各级各类相关培训。

学校每年分期分批组织教师参加各级各类的培训，包括教育部-联合国儿童基金会组织的"中国融合教育推进：教师专业能力提升项目"、市教科院举办的"家庭教育论文撰写培训班"、"中国家庭教育指导师（高级）"研修班、

"上海市心理健康咨询师（初级、中级）"培训、"蒲公英大学骨干教师育德能力提升"培训、"区中小学骨干班主任"培训班等。

学校现在是静安区"新提任校长班"融合教育培训基地，有2名教师成为静安区"融合教育"核心培训师，3名教师获得了"家庭教育高级指导师"资质，16名教师参加了中国在线教育大学——蒲公英大学的相关课程学习，这批种子教师将培训内容内化后，分享给班主任、家委会，共同实践，提高了学校家庭教育工作指导水平。

教育的本质是生命与生命之间美妙的互动，当"校家社"多方资源与能量存在着相互流动和接力之时，就能办好惠及每个学生的教育。

## 二、心怀"这一个"的通力合作

在普通学校里，几乎没有肢体残障的学生，但是学习障碍、情绪认知障碍等需要高支持的学生并不少见，这些学生往往面临更多的挑战和压力。"校家社"的合作能够为他们提供全方位的情感和心理支持，帮助他们更积极地面对生活。

### （一）建立有效沟通机制

相互信任、有效交流是建立良好的家校合作的基础。而就实际情况来看，如果缺少一定的机制，需要特殊支持的学生家庭将很难与学校站在同一立场。这些学生在学校生活中常常会遇到"突发事件"，教师不得不跟家长联系，共同处理特殊情况。如果这种情形过于频繁，甚至因孩子的行为责怪父母，这在一定程度上会让家长心生"烦忧"，不知何时就会被班主任"召唤"，不知今日又会发生什么问题。长此以往，家长会日渐排斥与学校教师的沟通。

因此，有必要建立一套有效的沟通机制，让交流平等，让家校双方真正建立起尊重、信任、关心和互助的关系。

#### 1. 专属家长会

关注"这一个"孩子，学校会安排专属家长会。如果是在幼儿园摸底时发现的高支持需求学生，入学前，学生发展部会组织德育教导、班主任、任课教师、心理教师、资源教师作为核心支持团队，与一直照顾孩子的几位家庭成员一起坐下来，了解孩子的具体情况。

为"这一个"孩子召集这么多教师"如此隆重"地开家长会，家长会感受到学校的诚意，在感动之余，会详尽地介绍孩子的成长背景，包括求医问药的过程，目前的性格特征、行为特点，需要教师的支持之处。

教师们也会从各自的专业角度给家长建议，回应家长的困惑，商讨个别化教育计划。

对于在入学以后发现的高支持需求学生，学校也会联系家长组织"专属家长会"。一名一年级的学生，在教师的细心观察下，发现了家长都没注意到的情况：女孩从进入教室后就"坚守"在座位上，不跟任何人交流。刚入学时，大家都以为她是内向或害羞，直至一年级下学期，还是如此。了解下来，孩子在家中能正常主动说话，但到了学校"极力避免"与教师和同学说话。心理教师介入后，发现她有"选择性缄默症"可能，与家长进行了深入沟通后，家长主动带孩子就医，诊断结果与初步判断一致，家长对心理教师佩服之至。在专属家长会上，大家商讨如何医教结合，通过环境改善与支持，引导孩子与他人建立联系，循序渐进地帮助女孩扫除障碍。孩子父亲成了积极的家长志愿者，只要学校有活动，就带上照相机忙前忙后，让女儿看到爸爸在学校里的融入。在家校的共同努力下，孩子也慢慢能用"悄悄话"的音量与同桌交流了。

2. 定期沟通的恳谈会

为了避免"突如其来"的教师来电给家长带来的"压迫感"，班主任会约家长在每学期的开学时段，共同商讨一份时间表，确定定期交流的时间，也共同商定，除了定期交流之外，出现哪些问题时需要及时联系家长。这样一来，家长和教师的合作有依据、有共识，增进了信任。

在定期沟通的恳谈会上，教师会把一些当时发生但暂时搁置了的问题做反馈，与家长商讨解决之道。

有一次，一名情绪认知障碍的学生在情绪起伏时，在男厕所卸下了一个搪瓷马桶盖，准备从窗口扔出去，若砸到楼下人行道上的路人后果不堪设想，幸亏护导教师及时发现并拦了下来。这种"高危事件",班主任原本会立即反馈给家长,但冷静下来,想到这样的反馈于事无补,在与核心支持团队商量后,资源教师建议在校园内安装"拳靶气垫",给学生提供可以通过击打释放能量的途径。于是,学校在教学楼的走廊里、操场边装配了一批气垫。除了这个学生课间常常会"拳打脚踢"一番外,青春前期的男生也会时不时地"释放"一番。

在定期恳谈会上,当班主任把曾经出现的这起"事故"当作"故事"讲给家长听时,家长非常感动,也受到启发,在家中置办"拳靶",让孩子的情绪能量及时释放。

3."三明治"交流法

在融合教育核心团队活动时,大家经常会反思,如何换位思考,理解养育特殊需求儿童的艰辛,体谅这些家长经历的无奈、心酸和挫败感。于是,学校倡导,在与这些家长交流的时候,采用"三明治"交流法,即把一条建议(或要求)夹在两条优点(或表扬)之间,从而使家长减少防御心理,能够更愉快地接受建议,同时也维护了双方和谐的关系。

实践证明,当教师发现了学生积极的变化,哪怕是极微小的变化,用真诚的态度大力表扬家长的付出时,会给家长提供极大的情绪价值,也会让家长更加努力地配合学校教育。一位家长在收到教师的"表扬短信"后,激动地回复:谢谢老师,我们家长也需要鼓励!

"三明治"交流法,既让家长感受到肯定与鼓励,也让家长明确不足并愿意改进。

(二)制订个别化教育计划

IEP(Individualized Education Programs)即个别化教育计划,一般来说,针对在普通学校就读的特殊教育需要学生所制订的个别化教育计划,不仅要符合这名学生的身心特征,还要适应普通教育、适应普通社会生活的要求。

IEP计划的制订流程通常包括以下几个步骤:

1.起始阶段:由家长、教师、医生、学校行政人员等组成的联合团队通过全面的协作、调查完成。

2. 教育诊断：对学生做全面的测评，包括基本情况、生理发展、智力适应力、动作发展及形成原因分析等，得出教育诊断的结果、教育建议等。

3. 拟订IEP计划：依教育诊断结果拟订个别化教育计划的长、短期目标、所需的特殊教育服务等。

4. 实施教学：按IEP计划进行教学活动设计，运用教学法、教学策略，由相关人员完成教学目标的活动。

5. 评估修正教学：教学活动后对教学过程、结果的评议，关系到新的教学活动的开始。

在这个过程中，需要家长参与共同制订IEP计划的会议，大家共同讨论和协商IEP计划的内容，包括学生的现状、能力水平、长期目标（年度目标）、短期目标（教学目标）以及提供的特殊教育及其相关服务等。

在这个过程中，学校鼓励家长积极参与讨论，提出自己的意见和建议，以确保计划符合学生的个别需要。经过讨论和协商，IEP团队达成共识，并制订出一份详细的IEP计划。计划中明确学生的教育目标、教学策略、支持服务等内容，并注明计划的实施起始时间和评估方式、标准等。最后，家长以签名的方式表示对计划设计的态度，并承诺监督计划的执行情况。

IEP计划是一个动态的过程，需要持续沟通与评估。在实施过程中，家长与学校保持密切联系，共同关注学生的学习进展和需要。同时，学校也应定期对IEP计划的实施效果进行评估，并根据评估结果对计划进行调整和优化。

当学校通过以上步骤，与家长共同制订出一份科学、合理、个性化的IEP计划，就会为特需学生的成长提供有力的支持。

（三）携手共创友好环境

作为静安寺街道唯一一所小学，学校一直与社区保持良好的合作关系。学校开设周末亲子阅读"静安寺街道社区专场"，为街道内共建单位提供亲子活动场地、内容和指导；社区的医疗系统、公共服务系统等也开放公共资源，为全体学生开展各类实践活动。社区每年还会组织各类融合活动，如文化展览、文艺表演、亲子运动会，鼓励特殊需求儿童与普通儿童共同参与。以此增进儿童之间的友谊和理解。社区每年寒暑假也会招募志愿者，在学校开办公益性寒托班、暑托班，志愿者为特殊需求儿童提供陪伴、辅导和关爱，帮助他们建立自信、提升自我价值感。学校也会联合社区摸底，了解特殊需求儿童的家庭情况、成长背景，共同关心孩子的成长。

社区主动为学校推荐专家，面向全体家长进行融合教育普及讲座，让家长明确，残障学生选择在普通学校就读是他们的法定权利，学校有责任给这些学生提供有针对性的教育支持，让他们更好地适应学校生活；班级里有特殊需求学生也有助于培养普通学生接纳多样性、平等待人的同理心。

学校的一位家长也是社区志愿者，她参与了学校《跟着绘本走进南阳》活动，也是每一届五年级学生都要参与的志愿服务之一。走进特殊教育学校——南阳学校开展"反向融合"活动，不仅能够提升南阳小伙伴社会交往、同伴互助、社会适应等能力，更重要的是能提升普通学生对差异的接受和尊重，教会他们如何与特殊教育需要学生相处；完善普通学生的世界观和价值观。

起初她只是陪同的家长，当她看到教师对普通学生宣导融合教育理念，看到在教师的指导下自己的孩子调整绘本演绎形式、设计道具服饰，看到两个学校的学生共同表演精彩故事，看到孩子的价值观在悄然改变时，她本人也深受影响。她的大女儿毕业后，在小女儿升入五年级时，她第一个报名做志愿者，深度参与了活动全过程。她还把自己的经历在社区做了宣讲，这种因着融合教育的校家社共同奔赴，成就了融合教育发展最美的风景。

包容与支持的社会环境能够为特殊需求儿童创造更加适宜的生活条件，促进他们融入社会。

## （三）关注"每一个"的双向奔赴

### （一）"333"实现和谐互动

"333"是指"校家社"协同育人工作组的"3"次例会，学校的"3"级家委会以及为家长提供的"3"种家庭教育指导形式，这些举措都促进了学校、家庭、社区的和谐互动。

1. 三次例会

每个学期,"校家社"协同育人工作领导小组会召开三次例会,即期初例会——制订工作计划和目标,期中例会——进展汇报与问题研讨,期末例会——总结反思与规划未来。目的有三:其一,加强沟通,促进三方之间的信息交流和沟通,确保各方对育人工作的理解和支持;其二,协同合作,共同商讨和解决育人过程中的问题,形成教育合力;其三,总结经验,分享成功案例和经验做法,总结反思不足,不断提升育人水平。

正是在这样的例会中,社区得知学校要开展"中华本草研学乐",遂联系雷允上药店提供研学支持,学生们走出校园,来到中医药馆,闻药香、识药材、做香囊,具象感知中医文化。围绕"做有爱的志愿者"的育人目标,社区帮助学校联系蔡元培故居负责人,为学校培养了一批小小讲解员,在名人故居的讲解工作让学生收获了参观者的掌声和积极向上的力量;社区还和学校共商安排三年级学生每月到街道老年福利院慰问老人,师生为养老院墙面做美绘……

2. 三级家委会

学校家委会由校级、年级、班级三级家委会构成。班级家委会由家长自荐、班级推荐的方式产生,年级家委会在班级家委会中产生,校级家委会在年级家委会中产生,原则上任期一年,优秀者可连聘连任。

三级家委会组织网络的建立,在加强家校之间联系、提升家长对学校工作支持的参与度,打造家长满意学校等方面起到了很好的促进作用。

家委会确立了三个部门:媒体宣传部、生活实践部、活动策划部,明确了各个部门的工作职责和内容。媒体宣传部负责组织征集学校的家庭教育专刊《爱之语》的文稿、撰写家教活动公微、及时宣传家教好方法;生活实践部负责所有与学生校园生活相关的事务,餐饮、校服、平安护校等;活动策划部配合学校开展好每一次的大活动,组织开展好家长大讲堂,策划好每年的好家长评选和颁奖典礼等。

三级家委会,三个部门协同为学校教育教学活动和发展出谋划策,家校之间的沟通顺畅和谐。

3. 三类指导

（1）惠众式讲座

每个学期的家长会，通常会由校长或外聘专家开设一场惠众式讲座。讲座内容主要是这三个方面：

最新教育形势政策的解读——《走近"课后服务"》《"双减"之下，我们该为孩子增加什么》《"双新"背景下，学校与家庭的责任与担当》……

各年段衔接教育——一年级的幼小衔接《如何度过学习适应期》，三年级的过渡期教育《明确责任，齐心协力——帮助孩子渡过这个坎》，五年级的小升初衔接教育《迈向中学的脚步》……

本学期教育教学工作重点介绍——《彩虹校园的课程建设》《办一所惠及每个孩子的彩虹学校》《儿童立场的校园活动》……

（2）超市式指导

学校根据事先了解到的家长需求，列出一张家庭教育主题菜单，从心理成长、学习习惯、生活习惯、亲子沟通四方面，分类供家长选择。家长根据自己的实际需要，自主地有针对性地选择感兴趣或感到困惑的家庭教育专题。这种指导组织形式，是从子女成长问题与家长家庭教育问题双角度出发，悉心提供"超市"式选择。

如《"感恩"让我们健康成长》《从小教会孩子宽容》《孩子不按时做作业怎么办》《再见，拖拉》《快乐成长，从"心"出发》《亲子关系沟通》《行动派养成记》《"悦"读"阅"聪明》《如何培养孩子的自主能力》等主题均来自家长反馈的家庭教育中的实际问题。

"超市式"指导多采用家庭教育沙龙形式，由教师、专家做主持人，家长们围坐在一起，提出疑问，大家探讨，互相启发，主持人提炼观点。家长感叹，参加的过程不仅仅是学习，而且发现了"知音"，彼此解压，互相出谋划策，深感受益。

（3）互助式分享

孩子逆反心理太强，如何调节亲子关系？

孩子犯了错，怎样才是"正确的处罚"？

孩子很容易对自己失去信心，遇到困难就"躺平"，怎么鼓励？

家长面对没有学习自觉性的孩子，如何调整情绪？

……

每个家长在家庭教育的过程中都会遇到问题，林林总总的问题除了咨询专家、教师，还有没有其他途径？

市西小学的家长会从2022学年起，开辟了新栏目——智慧家长36计，鼓励家长们报名，围绕这个年龄段孩子的共性问题，把育儿过程中的奇思妙招在班级分享。当然分享之前，学生发展部会跟报名家长做"会前沟通"，帮助家长提炼策略，使得分享更具实效。

每个家庭都有其独特的育儿方法，分享这些智慧可以帮助其他家庭解决类似的问题，育儿过程中的挑战往往让家长产生情绪，这样的交流也增进了家长之间的理解，让大家受到启发，增强了自己在育儿过程中的信心和动力，有助于建立一个相互支持、共同进步的家长网络，让家长们感到，家庭教育之路上有很多同路人，大家可以一起努力，为孩子的健康成长贡献力量。

### （二）"222"提升共育品质

提升家校共育的品质，学校与家长要加强沟通，学校的声音要引领家长，要能给予家长真正的指导和帮助。"222"是指学校提供了两个信箱、两份读物，同时与家长共建了两个品牌活动。

1. 两个信箱

每一次的全校家长会，校长都会面向家长朋友做一场主题演讲，演讲的尾声必然在PPT上出现校长邮箱的地址和校长信箱的摆放位置。

每个周五一早，校办教师上网看到校长邮箱里若有来信，会立即打印给校长，校长信箱则放在学校门卫室的窗台上，只要收到信件，门卫当天就会送给校长。

一个学校的两个信箱，是学校收集家长意见和建议的渠道，发挥着监督和反馈的作用。家长的来信往往蕴含着家长对学校发展的期望和建议，有助于学校更加深入地了解学生在校的学习生活感受度，有助于更好地了解家长和社会的需求。这些意见和建议对学校改进工作、优化管理、提高教育教学质量等方面都具有重要的参考价值。校长的回信也反映了学校积极呼应家长需求，共同提高办学品质的坦诚态度。通过这样的互动，家校之间的交流更加顺畅，方向更加统一。

近年来，两个信箱里收到的表扬信越来越多，所有的表扬信，校长都会在全校大会上宣读，来自家长的充分肯定给足了教师投入工作的动力，这样的良性循环成为家校之间的一份默契。

2. 两份读物

市西小学的家长朋友都会拥有两份读物：《市西小学家庭教育文摘》和《爱之语》。

每个学期的家长会，走进教室，每位家长就会在课桌上看到一份《市西小学家庭教育文摘》，每份文摘围绕一个主题，给家长提供了值得借鉴的育儿经验。

《做智慧父母，从说话开始》让家长学会和孩子就事论事、批评的时候对事不对人，学会转化孩子无力的语言，了解有些提问方式是无效的……

《让孩子越来越优秀的密码》让家长了解成长型思维带给孩子的终身影响，学习用正确的夸奖作为促进孩子进步的动力……

2019年，学校发布了自办的家庭教育专刊《爱之语》，校长亲自作序，家长是主要撰稿人，每学年一期，开辟了"家风故事""亲子沟通""言传身教""爸妈的大书包"等栏目，图文并茂，也成为每年9月送给新生家长的"伴手礼"。在这本专刊中，能看到愿意倾听孩子"童心童言"的父母，接纳、认同、欣赏，让孩子走向自信，未来能坦然面对缤纷喧嚣的世界；能看到包容孩子"不断试错"的父母，信任、尊重、鼓舞，让孩子无忧无惧，在失败时依然心存梦想；能看到鼓励孩子"自律生长"的父母，观察、引导、放手，让孩子成长为动力与规则内生，自律且自在的人；能看到主动"磨砺性情"的父母，把跟孩子相处的每个日子，看作是对自己个性修为的锤炼，克制焦虑、急躁，抛掉过高的要求，努力给孩子稳定积极的情绪体验，使孩子获得足够的内心能量面对学习生活；还能看到可以称为"榜样"的父母，他们能够以身作则地向孩子示范，一个坚韧的人、一个有担当、负责任的人、一个热爱生活、充满爱心的人是怎样生活、怎样工作的，他们向孩子展示出生活的意义、幸福的模样……

这本来自各个年级家长的《爱之语》已经成为市西小学家庭教育的"核心期刊"，鼓励着更多的家长为成就适合每个生命成长的教育生态而努力。

3. 两个品牌

"亲子共读会"和"家长大讲堂"是市西小学家庭教育的两大品牌。

"亲子共读会"受到各年级家长的"追捧"。首先是选书，家校共选，分低年级和中高年级，一月一本主打共读书，适度拓展荐书；然后是交流，每周一次线上交流，每月一次线下交流。

每个月的第四个周六，在学校的图书馆里会开展线下共读会，每次活动报名二维码一经发布，名额都是秒抢一空。家长们对"周末亲子共读会"这一项目都持有非常积极肯定的评价，认为对于家庭和孩子而言，周末亲子共读会都具有重要的意义和价值。

首先，许多家长都强调了这个项目在培养亲子关系方面的作用。通过共同参与阅读，家长和孩子不仅建立了更紧密的联系，还增进了彼此之间的了解和沟通。这种亲密的互动让家庭成员之间的关系更加和谐，也更加有利于孩子的健康成长。

其次，家长们普遍认为这个项目对提升孩子的阅读能力有着极大的帮助。通过与家长一起阅读，孩子们激发了对阅读的兴趣，并逐渐培养出了良好的阅读习惯。这种习惯将会伴随他们的一生，对他们的学习、工作和生活都会有积极的影响。

此外，家长们也注意到，参与这个项目后，孩子们的自信心得到了增强。在共读活动中，孩子们不仅有机会表达自己的想法和感受，还因为得到他人的认可和鼓励而更加自信。这种自信心的增强也反映在孩子们在其他方面的表现中，让他们更加勇敢地面对挑战。

同时，家长们也认为这个项目促进了家庭教育与学校教育的协同。通过参与学校组织的亲子共读活动，家长们可以更深入地了解孩子在学校中的学习状况，同时也可以更好地理解学校的教育理念和方法。这种了解和理解使得家庭教育和学校教育能够更好地协同起来，共同促进孩子的全面发展，也让家庭更加温馨、和谐。

另一品牌活动——"家长大讲堂"已经在市西小学开展了近10年。每个学年都会发布"家长讲师团招募令"，邀请各行各业的家长走进自己孩子的教室，做一回讲师，分享自己的职业经历、行业知识和专业技能，让自己的宝贝和他的小伙伴们认识和了解父母的工作，让他们懂得，每一份看似平凡的工作都有着不平凡的意义，这也是对孩子的职业启蒙教育。

在这样的课堂里，做建筑设计的妈妈给孩子们讲榫卯结构，在银行任职的家长教小朋友合理安排压岁钱的使用，在地质研究院工作的爸爸带来了难得一见的陨石，还有做皮影戏的爷爷让孩子们感受到了民间艺术的魅力……

"家长大讲堂"的讲师们源源不断地为学校的课程注入活水。在丰富学校课程资源、创新教育形式的同时，孩子们也以父母为荣，增进了和谐的亲子关系、家校关系。

2024年，学校对"家长大讲堂"做了"升级版"，进行了"学生职业体验顾问"招募，具体要求有三方面，家长可以任选其一：

**职业分享**：根据自己的职业背景，为孩子们开设职业专题讲座，深入浅出地分享自己的职业经历、行业知识和专业技能。

**实地参观**：向孩子开放自己的工作场所，让孩子们实地参观，了解家长的工作环境和日常工作开展情况。

**沉浸式体验**：组织孩子们进入工作场域，以职业角色身份进行沉浸式体验，直观感受职业的特点。

第一批，全校有150余名家长积极响应，其中70多名家长提供了"沉浸式体验"的机会，于是在假期里，孩子们奔赴各个职业场所，开展了"'职'通未来，志达远方"的职业体验活动。

在艺术家居馆里，孩子们拿起来自意大利的tabu天然染色木皮，当起"木艺设计师"；在老字号"红星眼镜店里"，孩子们当了一回"小小验光师"，深刻意识到保护眼睛的重要性；在上海银行，孩子们了解了存款、贷款及中间业务，还学习了怎样防范金融网络诈骗，又亲自参与了"点钞大赛"，这样的金融启蒙教育令人难忘；在口腔医院，孩子们聆听了爱牙知识后，换上白大褂，学着牙医的样子给陪同的教师和家长做了牙齿检查，增强了保护口腔健康的意识……

在走近360行的过程中，学生增强了对社会的多元认知，了解到不同职业的社会价值、工作环境和职业发展路径，启发他们开始思考未来的职业选择与发展。通过了解不同职业所需要的知识和技能，也有助于培养学生对未来的职业规划意识和责任感，激发他们的学习动力，更积极地投入到学习中去。

（三）"111"持续倾听需求

"111"是指每个学期，学校都会组织教师们进行"1"次家访，办"1"场家长开放，同时通过问卷星做"1"张调查问卷，通过"111"倾听家长需求，提高办学品质。

1. 一次家访——不是上门随意聊天，而是有"备课"有主题的互动。如何"备课"，学生发展部会提前做相关培训，尤其是新接班的教师需要掌握沟通技巧，如问学习兴趣，不问学习程度；问优点，不问不足；问家庭概况，不问个人隐私。一年级家访要求更细致：准备有广度、沟通有温度、总结有深度。力求让家访成为家校达成教育共识的有效手段。

2. 一场开放——每学年上学期是"课堂教学开放"，下学期是"德育活动开放"。家长开放日为家长们提供了一个深入了解学校教育理念、教学方法和学生日常学习生活的机会。通过观摩课堂教学、学生活动、与教师交流等方式，家长更全面地了解了孩子的学习环境，见证了教师教的过程和孩子学的状态，能更好地理解教师付出的智慧与辛劳，增强对学校的信任感，形成更加和谐的家校关系。

3. 一张问卷——家长开放日之后发给家长的问卷，除了请家长对当日的活动进行评价之外，还会请家长对孩子在家的阅读、运动、睡眠情况进行反馈，同时收集家长对课后服务、班主任工作、家庭教育指导工作和学校整体工作的建议。

这份问卷的反馈结果学校高度重视，并及时跟进。

2024年5月的问卷上，有10余名家长在最后一道题"给学校的建议"中提出，希望学校想办法改变放学时段后门道路拥堵的情况。

学校高度重视，立即展开调研，在调整拉大各年级放学时段间距的基础上，与街道派出所和家长志愿者联手，让放学秩序得到根本性改善，赢得了家长的一致赞誉。

融合教育的广泛发展，需要在以学生为主体参与的基础上多方合作共同完成，尤其是社区、家庭和学校的通力合作，这种合作不仅体现在资源互补上，更在于价值观的合力共建、行动的同频共振。学校作为融合教育的"中枢引擎"，会引导家长从"被动接受"变为"主动共建"，会联手社区从"点头之交"变为"资源供给"。当家庭放下焦虑，社区敞开资源，融合教育不再局限于课堂，成为全社会参与的文明实践，它体现的是一个社会"让每个生命都有位置"的胸襟与智慧。

## 第十章

# 学生成长：
# 融合教育育人发展的枝繁叶茂

## 第十章　学生成长：融合教育育人发展的枝繁叶茂

融合教育的出发点和落脚点，都是为了每一个儿童的成长。学生健康、幸福地成长，是融合教育实施的最终价值。

一个儿童就是一个完整的世界。这个世界里，应该有：

安全和支持——身心的安全，被周围的人们接纳和支持；

参与和主动——自愿参与围绕自己真实生活而设计的活动，充满兴趣与主动性；

被尊重和被重视——无条件地被尊重，与家庭背景、成绩好坏无关，可以大胆表达自己的想法；

包容和联结——感受到善意的包容，意识到自己是家庭、学校和所在社区的一员，经常被邀请参与公共活动；

赋能和自信——自己经常要做出决定，甚至担任"领导者"，自信自己可以学好，能够获得成功；

韧性和成长性——感到自己潜力无限，不怕犯错，会在错误中锻炼韧性，拥有成长型思维。

这个世界也许是属于儿童的"教育理想国"，但融合教育就是要创造这样有温度、有态度、有高度的"理想国"。

### 一、与儿童合作的融合学校支持关系

学校的责任在于促进每个儿童的全面发展和成长，提供适当支持和资源以满足不同儿童的需求和潜力。这种支持需要与儿童合作，实现双向奔赴。

#### （一）与儿童合作的意义

1. 儿童的发展

当生生、师生开始合作时，学生的内驱力会被激发，在这个过程中还会逐步学会有效沟通、分享资源、承担责任，培养社会交往能力。

当教师与特需学生合作时，可以更好地了解他们的需求，提供个性化的支持，和他们共同面对学习上的困难，给予他们内心的能量。

同时，当特需学生感受到教师和同学的关注和支持时，他们的自信心和归属感会明显提升，从而能更积极地参与学习。

合作能够培养全面发展的个体。它通过多方面的支持和互动，使儿童能够在不同领域获得综合发展。

2. 教师的发展

与儿童合作，会培养起积极融洽的师生关系，这是教师有效施教的前提，对师生都是一种精神滋养。

与儿童合作，需要具备学情分析能力、个性化学习计划制订能力、个性化学习评估能力、社会情感教育能力等一系列专业能力，这将会给教师带来坚实的专业成长。

与儿童合作，也带动了教师之间的合作，不同学科教师需要分享学生的动态和信息，才能共同为学生提供个性化的学习支持，这也促进了教师团队的协作共进。

3. 学校的发展

就融合教育在学校的发展而言，与包括特需儿童在内的所有儿童合作还能创造更包容和公平的教育环境。将学生从"教育对象"转化为"发展伙伴"，这是在培养未来社会需要的主动公民，使学校管理更人性化，教育生态更可持续。

（1）合作促进了不同主体间的理解和共情。通过合作，不同背景和能力的学生能够更好地理解和接受彼此，培养共情和合作精神。

（2）合作是减少偏见和误解的途径之一。在合作过程中，学生们面对共同的挑战、实现共同的目标，互相了解，学生之间会减少隔阂和偏见。

（3）合作能提升整体课堂氛围。一个相互合作的学习环境可以显著提升整体课堂氛围，增强学生的幸福感和学习热情。

（二）与儿童合作的要素

1. 了解与调整

每个学生都有不同的家庭结构、生活背景、学习方式、情感需求和行为表现。教师在了解这些背景信息之后才能更好地支持每一个学生。

对于特需儿童，还需要进一步互动：

是否接受过个性化支持：例如他们是否有专门的辅导教师，是否参加了有针对性的康复训练等。通过了解这些支持措施，教师可以更好地协调和补充，确保他们在学校环境中能继续得到持续和有效的帮助。

给予心理情感方面的支持：心理教师定期与学生进行一对一的心理辅导，帮助他们解决学习和生活中的困惑和压力。

提供专门的支持设备和资源：为特需学生提供适当的学习设备和资源，例如助听器、轮椅、大字版教材等。这些资源的提供能够帮助他们更好地进行学习和生活。

注意物理环境调节：座位的安排、光照条件、课间舒缓音乐等。比如有视力障碍的学生，可以安排他们坐在光线充足、靠近黑板的位置；对于注意力易分散学生，可以安排周边干扰少的座位。根据学生的具体需求调整教室布局和环境，可以大大提升他们的学习效率和舒适度。

了解其认知风格：可以使用VARK（即Visual, Auditory, Read/Write, Kinesthetic）学习风格调查量表，这是由教育心理学家Neil Fleming所提出的一种学习风格分类工具。该量表将学习者的学习风格划分为四种主要类型：视觉型、听觉型、写读型和动觉型。VARK量表能帮助教师了解学生的学习风格，从而制定更加个性化的教学策略，提高教学效果。

2. 语言与反馈

课堂言语是教师传递信息和建立互动的主要工具，因此，确保语言中立且没有偏见是至关重要的。在与学生、家长乃至同事进行沟通时，要尽量使用中立的称谓，避免任何可能冒犯或排斥学生的用语。例如可以说，这是一个注意持续时间比较短的学生，而不定义他是"多动症儿童"，不给任何学生贴标签。

创造一个让学生感到安全和受尊重的环境非常关键。为此，教师需要做到多倾听少评判。例如当学生因为焦虑表现出刻板行为，并表达"我很难受""我不舒服"或者"我想一个人静一静"等意愿时，需要教师认真倾听，并给予相应的反馈，不要武断地认为学生是在逃避学习任务，也不要轻视或忽略。应给予学生足够的空间发泄情绪、表达需要。在倾听和等待过程中，大部分孩子能够自我调节，恢复平静。

特需学生个体差异性很大，当学生勇敢表达了自己的观点或感受时，教师及时给予有针对性的反馈和鼓励，能让他们感受到肯定和支持。这样的反馈要兼具及时性、具象化和个性化的特点，同时要体现学科特点，让学生感受到自己在学科方面的进步。例如美术教师称赞学生："你运用色彩的方式很有创意，尤其是天空的渐变色，让整幅画作看起来灵动而美丽。"

3. 强化与联结

在教育中建立更深层次的人际关系，对于教师与学生之间的互动至关重要。感情联结让学生感受到教师不仅是他们学业的指导者，更是他们的支持者和朋友。班级团队建设活动，如班级游戏日、无作业日、个性化的学习项目等等都是增强师生之间及学生之间的情感纽带。

我们学校有的班级会有特别的奖励清单：做一天领读员、做操放学时为班级举班牌、与最喜欢的伙伴做同桌、为全班播放喜欢的音乐、专属的答疑时间、与教师交换午餐或共进下午茶等。

有的班主任还为特需学生创设了一些有童趣的班级小岗位：如专门负责升降教室百叶窗的"卷帘大将"、负责开关电灯的"掌灯人"、照顾植物角的"护花使者"等。这些都能让学生感受到教师的用心。

特殊需要学生的"情绪颗粒度"通常较粗糙。所谓"情绪颗粒度"是指个体辨别自己情绪或他人情绪的能力。情绪颗粒度越细说明辨别情绪的能力越强，情绪颗粒度越粗说明辨别情绪的能力越差。特需学生表达情感意愿时，往往比较笼统模糊，教师就需要根据经验去辨别学生的真正需求。

同时，教师也要慎重地对待与学生的每一次承诺和约定，珍惜自己的"信用额度"和"教师权威"。特殊需求学生可能更加敏感，对于教师的承诺和信任有着更高的期待和依赖。

教师需要以细致和专业的情感投入，努力建立并呵护与学生间的信任关系，强化与学生的情感联结，才能让学生"亲其师信其道"。

## （二）有儿童立场的融合学校文化力量

随着AI智能时代的到来，学校对儿童的意义将不再是特定知识和技能的传授，而是精神的塑造。校园里儿童每日经历的场景会被他们吸收，塑造起他们对世界的认知，塑造出这个世界未来的精神长相。

"双新""双减"背景下，当学校教育走向"素养导向、综合育人、实践育人"时，有儿童立场的融合学校文化会给儿童的精神成长注入鲜活的力量。

温暖有趣的成长环境，向上生长的校园，也会自然而然地让一切学习愉快发生。

（一）架构儿童立场的德育框架

在教育哲学的广阔领域中，儿童立场强调教育应以儿童为中心，尊重儿童的独特性、兴趣、能力及发展需求。儿童不仅是学习的被动接受者，更是知识的主动建构者和自我成长的主体。这一理论强调，教育目标的设定、内容的选择、方法的运用乃至环境的创设，都应基于对儿童全面而深入的理解。皮亚杰的认知发展理论、维果茨基的社会文化理论以及马斯洛的需求层次理论等，均为儿童立场理论提供了坚实的心理学与教育学基础，共同构建了儿童立场下教育实践的理论基础。

基于儿童立场，融合教育学校德育框架的构建旨在培养具有社会责任感、道德判断力和良好行为习惯的儿童；促进儿童在多元文化环境中相互尊重、理解和包容，形成积极向上的价值观；让有特殊教育需要的儿童也能在德育过程中得到充分支持与参与，实现全面发展；构建既符合现代教育理念，又适应社会文化背景，具有前瞻性和实践性的学校德育体系。

在融合教育的背景下，尊重儿童权利地位是实现德育目标的前提。实践中，需要鼓励儿童参与决策过程，让儿童的声音被听见，增强其归属感和自我效能感。同时，通过提供个性化教育方案，满足不同儿童的发展需求，确保每个儿童都能在德育实践中获得成长。

融合教育强调教育资源的共享、教育机会的均等以及教育过程的包容性，旨在消除教育中的隔离与歧视，为所有儿童提供适合其需求的高质量教育。在德育框架中，融合教育不仅要求将特殊教育需要的儿童纳入主流教育体系，更强调通过跨学科的整合，促进所有儿童在德、智、体、美、劳诸方面和谐发展。这也要求教育者具备高度的专业敏感性和灵活性，能够设计包容性强、适应性广的教育教学活动。

基于以上思考，市西小学的德育内容紧紧围绕社会主义核心价值观，结合儿童生活实际，融入中华优秀传统文化、现代公民素养及全球视野等元素，形成分年级、多层次、多维度的德育内容体系（见表10-1）。在方法上，倡导情境模拟、角色扮演、项目化学习等互动式、体验式学习，鼓励儿童在实践中探索道德价值，提升道德认知与行为能力。同时，利用数字技术和网络资源，开发在线课程等新型教育工具，拓宽德育渠道，增强德育的时代感和吸引力。

### （二）设计儿童本位的融合活动

儿童本位的融合教育活动设计，须将儿童的需求和利益作为教育活动的出发点和归宿，同时强调不同背景、不同能力儿童的共同成长，这样的活动要根据儿童的个体差异，满足个体的需求。

这样的活动通过让不同背景、不同能力的儿童共同参与，为他们提供了一个相互了解、相互学习的平台。在这种多元化的环境中，儿童可以学会与他人相处，增强社交能力。同时，他们也能在与其他儿童的互动中，学会尊重和理解差异，培养包容和共情的能力。这种社会适应能力和包容心的提升，对儿童未来的成长和发展具有重要意义。

在这样的活动中，儿童有更多的机会自主选择，这有助于培养他们的自主性和创造性。通过参与各种活动，儿童可以发挥自己的想象力和创造力，解决实际问题，从而提升自己的综合素质。

#### 1. 彩虹学校的五类时刻

在市西小学的公共空间里，没有学生个人的奖状、奖杯，这是因为学校不愿拿个别学生的成绩作为一个学校办学水平的证明。学校的办学愿景是：办一所

第十章 学生成长：融合教育育人发展的枝繁叶茂

表10-1 市西小学德育实施框架

| 年级 | 品格教育重点 | 两季三礼见成长 | | 文化瑰宝乐传承 | 主要实施途径 缤纷节日 传统节日 | 缤纷节日展风采 学科节 | 劳动 | 专题教育增才干 心理 | 安全 |
|---|---|---|---|---|---|---|---|---|---|
| 一上 | 乐自理 | 启志开蒙入学季 | 快乐争五星 | | | | 自己的事情学着做 | 认识新朋友 | 校园安全 |
| 一下 | | | 种子乐成长 | | 元宵节 | | | 独一无二的我 | 交通安全 |
| 二上 | 知诚信 | 明志向上队礼 | 智慧金钥匙 | 节气歌谣童声传 | | | 学会的事情天天做 | 学习小能手 | 食品卫生安全 |
| 二下 | | | 彩虹入队礼 | 唐诗地图天下行 | 春节 | | | 情绪小侦探 | 防溺水教育 |
| 三上 | 懂感恩 | 正志感恩生日礼 | 感恩少年行 | 本草世界研中乐 | | 酷玩节（体育、数学） | 集体的事情一起做 | 我爱班集体 | 消防安全 |
| 三下 | | | 十岁生日礼 | 中华节气话本草 | 重阳节 | 慧创节（科学、艺术） | | 社区小公民 | 应急避险教育 |
| 四上 | 会合作 | 润志服务志愿礼 | 阳光志愿者 | 好戏连台韵味长 | 端午节 | 读书节（全学科） | 伙伴的事情帮着做 | 友谊小使者 | 防欺凌教育 |
| 四下 | | | 小先生行动 | 中国神话故事汇 | | | | 沟通小达人 | 民防教育 |
| 五上 | 勇担当 | 笃志启航毕业季 | 大手牵小手 | | 中秋节 | | 公益的事情争着做 | 青春飞扬 | 禁毒教育 |
| 五下 | | | 少年军校行 | | | | | 生涯探秘 | 网络信息安全 |

惠及每个孩子的彩虹学校,教师们努力做的是对每一个孩子的教育,不需要让大部分孩子仰视个别有专长的孩子。学校希望每个孩子在这个学校的五年里都能有上台的机会,有众人瞩目的高光时刻。市西小学的家长也都知道,如果孩子在校外参加活动有了证书获了奖,哪怕是一个极小的奖,也可以交给教师送到校长室,在周一升旗仪式上由校长来颁发。学校想给到每一个孩子更多的成长动力。学校精心设计了五类时刻,支持每一个儿童身心健康发展。

(1)创造专属时刻激励进步

学校的升旗仪式上,被推举站到台前的往往不是佩戴标志的小干部,而是那些经常会犯错,但是依然在鼓励声中有进步的孩子。每周的升旗仪式前,轮到负责的中队辅导员都会拿到一张升旗手推荐表,这张表中会请教师写明所推荐的学生最近取得的点滴进步。当这些孩子作为升旗手站在台上做自我介绍的时候,那种油然而生的自豪感,往往会让"做升旗手"成为孩子成长中的"关键"事件,带给孩子真正的转变,激励他们自觉追求进步。

2024年,升旗仪式上又多了一个板块——彩虹少年说。学校鼓励孩子们自主报名,上台讲述自己成长中的追梦故事。

第一批上台的是校园运动小健将——

五(1)班付沁霓分享了壁球运动的收获:观察打开新世界;

五(4)班侯小漾满怀对啦啦操的热爱,勇敢表达:心中有梦,就能跨越障碍;

四(3)班王紫璎坚持四年参加射击,揭开"五连冠"的秘密:渴望就可能;

四(1)班郭君蕾在学习拉丁舞中掌握了面对挑战的诀窍:咬紧牙关不放弃;

三(4)班刘之越在击剑运动中感悟:坚持不懈可以突破自我;

……

第二批是时间管理小达人,第三批是家庭厨艺小能手,这些少年的故事不仅仅是关于个人的成长与突破,更是对所有同龄人的鼓舞。他们用自己的经历告诉同伴,梦想不分大小,每一份热爱都值得被尊重,每一次努力都能照亮前行之路。

每个学年有近百名学生享有这样的专属时刻,这一时刻不是因为学业成绩优异,而是因为"我在追求进步"。

(2)创造伙伴时刻促进交往

学校需要推进儿童的社会化,让他们走向成熟,学会生存。在生活中,每个人都需要彼此支持、志趣相投的同伴。

市西小学鼓励学生在校园中寻找伙伴、结交伙伴。

五年级学生在毕业季课程中给校园设计了一个吉祥物——"小小西",这是学校LOGO的拟人化,孩子们画出了各种状态的"小小西",读书的、运动的、唱歌的、画画的、劳动的"小小西"出现在校园各个场馆的墙面上,成为伴随孩子校园生活的小伙伴。

一年级学生入校前就会收到写有自己姓名的来自"彩虹学校的密信",让他们感受到新环境中有个伙伴在等待他们,对即将开启的小学生活充满期待。

> **来自彩虹学校的密信(一)**
>
> 亲爱的×××:
>
> 你好!我叫小小西,是一名彩虹娃,生活在美丽的市西小学。
>
> 大家都把市西小学称为彩虹学校,此刻,你一定有很多很多问题:
>
> 彩虹学校里有彩虹吗?教室里会藏着彩虹糖吗?
>
> 学校里有哪些好玩的地方呢?
>
> 攀岩室里有没有蜘蛛人?森林剧场里有没有精彩的节目?
>
> 叮咚绘本廊里有我喜欢的书吗?追风运动场上有跳跳球吗?
>
> 还有,彩虹学校的老师会讲故事吗?我能交到新朋友吗?
>
> ……………
>
> 啊,别着急,这些问题的答案等着你走进校园之后,慢慢寻找吧!
>
> 关于交朋友嘛,我可以告诉你一个小魔法:
>
> 只要你在教室里大声地、流利地说出三句话,就会有人主动和

> 你交朋友哦!
>
> 　　快,把这三句话跟爸爸妈妈多练几遍:
>
> 　　大家好,我是市西小学一____班的_____。(说出班级和姓名)
>
> 　　我从_____幼儿园毕业。(说出幼儿园的名字)
>
> 　　我最喜欢_____。(说出自己的爱好)
>
> 　　最后,还要告诉你一个小秘密,你的教室里有一只宝瓶,里面有什么呢?这,我可不能说……
>
> 　　好啦,彩虹学校欢迎你,9月1日,我们不见不散!
>
> 　　祝
>
> 健康快乐!
>
> 你的朋友:小小西<br>8月30日

学校开展了"伙伴日"活动,鼓励孩子们在校园里寻找朋友,混龄交往,与更多的同伴互动,有情感的滋养,提高社会交往能力。

五年级跟一年级"大手牵小手",进校门的第一天,一年级娃娃就有了哥哥姐姐,会带着他们认识学校各个场馆;入学适应期,哥哥姐姐还会来教弟弟妹妹做眼保健操,教他们学习用品的收纳与整理;学校游园会的时候,哥哥姐姐要带着弟弟妹妹去逛场馆,如果场馆里有主题文创产品、有美食,哥哥姐姐有可能还得掏出彩虹币请客;到一年级拼音验收过关的时候,哥哥姐姐来做小考官……就在这样一次次的互动中,大孩子的责任感就有了,小孩子到一个新环境里不孤独了。

二年级小朋友入队前,四年级学长会来当小辅导员,帮助他们了解少先队的"六知六会"。

每学期学校开展"好伙伴在行动"小导师招募。有的学生可能成绩一般,但也有绝活,会劈叉、会跳舞、会后空翻……这些学生报名后都会取得"小导师"证书，其他学生凭彩虹币兑换前来活动，跟着小导师学习新本领。有个平时在情绪行为上需要支持的男孩令人"刮目相看"，他有一双小巧手，一张纸到他手里能变出立体的船只、枪炮。活动当天，一群小伙伴围着他，他像模像样地一步步演示一只纸青蛙的诞生，赢得一片掌声，收获了一众"粉丝"。那一刻，这孩子充满自信，全身散发着光芒。

儿童节前夕，全校每个学生都会手作礼物，放入一个个大箱子。六一当天，孩子们自行抽取，然后"按图索骥"，找到礼物的制作者表达感谢，结识这位有缘的朋友。

2024学年开始，伙伴日又开启了"寻找新伙伴"专场，专门为转学而来的同学设计，让他们尽快熟悉新环境，交到新朋友，提供心理支持。

同伴之间的交往对孩子身心的健康发展、情绪的稳定是非常有利的，是师生之间、亲子之间的互动无法取代的。

（3）创造温情时刻给予关爱

每学期的开学第一天，学生们一进校门就会拿到一张新学期奖券。开学典礼上会抽奖，孩子们会特别期待，都想获得特等大奖。

抽中特等奖的孩子会上台与校长合影，孩子都笑得很灿烂，他们都抽中了特等奖，都觉得自己是幸运儿。其实，其中有一部分孩子是教师在假期家访中发现的有特殊需求的孩子，比如有家庭出现变故的，还有患孤独症、阅读障碍症的孩子，教师们把这份幸运悄悄地、不露痕迹地给到他们，希望能温暖他们，让他们在生活的重重困难中依然憧憬未来。

元旦、六一这两个节日，全校教师人人都会手写贺卡给孩子，跟孩子拍一张甜蜜的合影。每个班主任还会给校长一批名单，那是需要校长特别送祝福的孩子，校长会加班加点写好贺卡，再带上小礼物挨个送给这些孩子；从2019年起，学校就通过班主任、心理教师排摸建立了特需学生档案，这还是在全员导师制提出之前；2022年，学校开展了"我是你的守护星"行动，特别帮助医护人员和家庭生活困难的孩子。

这样的"温情时刻"成为师生之间情感联结的纽带，让孩子体会到被教师关爱的幸福。

### （4）创造暖阳时刻助力成长

2024年3月，学校招募教师志愿者，成立了守护特殊教育需要儿童的"暖阳"团队。22名教师主动报名，所有行政教师、年级组长全部加入。

第一次团队研修，资源教师介绍了应对情绪问题的六大原则，强调普通教师是挑战性学生教育的责任主体，应在保证全体学生安全的情况下，最大限度地鼓励学生参与集体活动。

暖阳团队在学生常去的各个角落里放置了毛茸茸的"暖暖包"，里面有情绪调整和认知辅导工具：梨形握笔器、情绪宣泄玩具、指读器、特殊纸张、曼陀罗涂色卡、大白兔奶糖……

一旦班主任发现孩子有特殊的情绪表现，暖阳团队会立即响应，将孩子带到温馨的场馆，使用"暖暖包"陪伴孩子度过情绪的起伏期。

这原本是一个志愿者团队，但很快发展成了志同道合的学习共同体。大家共读融合教育书籍，制作阅读思维导图，了解孤独症、ADHD、学习障碍的指导策略。

三到五年级期末考试时，学校会设立暖阳考场，对于提出申请的特殊需求学生，暖阳团队教师会轮流陪伴学生在温馨的专用场馆进行答卷。教师们会为有阅读障碍的学生读题，鼓励ADHD的孩子分割任务，坚持完成，不开"天窗"。令人欣慰的是，这样的"暖阳陪考"让孩子们在学业成绩上有了明显进步，他们也获得了更多的自信。

目前，暖阳团队又展开多层次支持系统（Multi-tiered Systems of Support, MTSS）框架下推动学生社会情感发展（Social Emotional Learning, SEL）的研究，力求给予学生更专业的支持。

### （5）精彩时刻展示风采

"彩虹校园之星"是风靡学校、备受学生推崇的活动。七色彩虹七类"校园之星"：活力之星、书画之星、器乐之星、舞蹈之星、小百灵之星、创意之星、编程之星。每季一个主题，无论是否有"考级证书"，人人皆可报名。展示的舞台就在正对校门的志正泉边，展示的时间就是学生入校的时候。

于是，清晨的校园异常精彩，师生一进校门，就能看到"校园之星"的现场秀：美妙的歌声，轻盈的舞蹈，"书画之星"的挥毫泼墨，"创意之星"的自然探秘讲解，还能互动参与"活力之星"自创的运动游戏……更有一批乐器初学者，为现场秀加油助兴，现场伴奏。还有后援团张罗着吸引小观众把手中的评价章贴到自己伙伴的展板上。

这样一桩"校园盛事"让学生们有了属于自己的"精彩时刻"，于是每一季的招募令一发布，报名的学生人数就不断攀升，有的学生多才多艺，还会同时报名多个项目。

这样一个朴素的晨间舞台，让每一个有"舞台梦"的孩子梦想成真，拥有了属于自己的"精彩时刻"。

2. 彩虹校园的机会榜

每个学年的开学典礼上，少先队大队部会发布新一年的"校园机会榜"（见表10-2），面向全体少先队员招募校园岗位志愿者，同时号召所有少先队员积极思考可以新增哪些校园岗位，让队员们都有机会成为"校园机会榜"的设计者。我的校园我做主，当他们设计的"岗位机会""变现"时，"我成为校园生活决策者"的自豪感油然而生；当他们主动选择岗位时，积极服务的主人翁意识自然增强。

表10-2 彩虹校园机会榜 自主管理我在行（2023学年）

| 序号 | 岗位名称 | 招募人数 | 招募年级 | 具体要求 | 岗位职责 |
| --- | --- | --- | --- | --- | --- |
| 1 | 争章小助理 | 20名 | 一至五 | 1. 身高135 cm及以上<br>2. 有责任心 | 课间休息协助一二年级扫描七彩章 |
| 2 | 本草小当家 | 20名 | 一至五 | 1. 会养护绿植<br>2. 有责任心 | 负责本草种植箱的养护和管理 |
| 3 | 伙伴小导师 | 20名 | 一至五 | 1. 有专长<br>2. 善于交流 | 每月组织两次伙伴日活动 |
| 4 | 晨间百灵鸟 | 10名 | 一至五 | 1. 对古文诵读感兴趣<br>2. 吐字清晰，感情充沛 | 负责晨间小古文领诵 |

续　表

| 序号 | 岗位名称 | 招募人数 | 招募年级 | 具体要求 | 岗位职责 |
|---|---|---|---|---|---|
| 5 | 暖场欢唱家 | 20名 | 一至五 | 1. 热爱歌唱<br>2. 音色音准俱佳 | 大课间学生进场前组织拉歌活动 |
| 6 | 活力领操员 | 20名 | 一至五 | 1. 做操姿势标准<br>2. 身体协调能力强 | 大课间广播操、活力操示范 |
| 7 | 小小外交官 | 10名 | 一至五 | 1. 英文发音标准<br>2. 擅长英语阅读 | 晨间"生活中的English"领诵工作 |
| 8 | 书香小精灵 | 10名 | 二至五 | 1. 有收纳整理习惯<br>2. 识字量大 | 协助教师整理图书馆的书籍 |
| 9 | 彩虹小邮鸽 | 10名 | 二至五 | 1. 体力充沛<br>2. 责任心强 | 负责学校各类报纸、杂志分发 |
| 10 | 彩虹少年说主讲人 | 20名 | 二至五 | 1. 乐于分享成长故事<br>2. 喜欢演讲 | 升旗仪式上就某一主题进行演讲 |
| 11 | 彩虹银行小干事 | 20名 | 二至五 | 1. 计算能力较好<br>2. 遵守规则 | 参与彩虹银行活动 |
| 12 | 晨暮小旗使 | 5名 | 二至五 | 1. 时间管理能力强<br>2. 有责任心 | 组织升旗、降旗 |
| 13 | 小小护旗手 | 10名 | 三至五 | 1. 踏步步伐有力<br>2. 能在训练时早到校 | 升旗仪式出旗大型活动护旗 |
| 14 | 朗读亭小管家 | 10名 | 三至五 | 1. 熟悉朗读亭操作<br>2. 热爱朗诵 | 每周一次在朗读亭指导 |
| 15 | 彩虹讲解员 | 20名 | 四 | 1. 记忆力好<br>2. 擅长朗诵、主持 | 校内十大场馆讲解蔡元培故居讲解 |

从2022学年至今，校园机会榜的内容越来越丰富：一类是校园学习生活的日常管理，一类是临时性的活动体验，还有一类是校园的对外交流活动。

## （三）建设儿童友好的能量场域

校园中友好的能量场域能够激发儿童的好奇心、想象力、创造力，促进他们认知的发展，有助于儿童形成独立思考和解决问题的能力，为他们未来的学习和生活打下坚实的基础。

在这样的场域中，能培养出积极的情感态度和良好的社会交往能力。他们能够更好地理解他人、与人合作，形成健康的社交关系。

在这样的场域中，儿童能感受到学习的乐趣和成就感，从而增强学习动机，有助于培养他们自主学习的能力和终身学习的习惯。

这样的能量场域能够尊重儿童的个体差异和兴趣需求，提供多样化的学习资源和活动机会，有助于儿童的个性发展和特长培养。

友好的能量场域能够培养具有社会责任感、创新精神和领导能力的未来公民。

为此，学校精心打造了一个个开放、灵活、富有启发性的"儿童空间"。

1. 彩虹议事厅共商"校园大事"

彩虹议事厅以儿童为中心，旨在促进儿童参与学校事务，通过模拟民主决策的过程，让儿童体验和理解民主制度，学会倾听他人意见、权衡利弊、做出决策，解决实际问题，这对他们的公民素养形成将产生深远的影响。

（1）议题征集与确定

① 通过民意小分队征集议题

民意小分队由大、中队宣传委员组成，定期巡视校园，与同学交流，了解大家的需求和校园生活中的实际问题。

② 通过红色邮筒征集议题

学生有任何问题和意见可以填写征集单，投递到操场边的红色邮筒中，大队部定期收集邮筒中的信息。

③ 议题筛选

根据红色邮筒和民意小分队收集到的信息，议事厅成员集体讨论，梳理出每一次议事活动的重点议题。

（2）议事活动与流程

① 活动形式

每月一次，邀请获得议事厅体验券的伙伴及各中队代表参与议事活动。

② 议事流程

a. 交流讨论：学生围绕议题展开交流，提出现象反映的问题。

b. 建言献策：集体讨论解决问题的对策。

c. 民主决策：通过民主讨论，形成解决问题的决策。

d. 成果展示：通过班级板报、午会课等平台，及时向同学们反馈问题解决的进展和成果。

（3）议题内容

学生筛选的议题内容都是聚焦他们遇到的实际问题，如：

聚焦"课间十分钟"：因校园操场离教学楼较远，"如何安排精彩的课间10分钟活动"，代表们提出问题，畅所欲言，协商对策，最后根据学生建议，学生发展部在各楼面增加了互动游戏器材、地贴游戏，设置了迷你游戏坊，由儿童自主管理委员会排班负责组织，学生们体验到了解决问题的成就感。

聚焦"护眼小妙招"：在线学习返校后，针对"如何更好地保护我们的视力"的议题，小代表们提出多项建议，涉及在校、在家、节假日等不同时间地点的护眼方式和方法。

聚焦"儿童玩具萝卜刀"：小学校园中"萝卜刀"风靡一时，但它带来的风险性值得重视，到底该不该玩萝卜刀？代表们见仁见智，最终决定面向全校发出倡议：放下"萝卜刀"，选择安全有趣的玩具，让童年游戏更健康！

（4）能量价值

① 自我教育：拓展学生参与学校民主管理的渠道，促进学生的自我管理、自我教育、自我服务作用有效发挥。

② 民主实践：让学生体验民主的意义与价值，理解"全过程人民民主"。

③ 推动校园生活品质的提升：学生的建议和决策得到了实际应用，推动了校园在儿童友好方面的发展。

## 2. 彩虹银行成就"理财达人"

校园银行通过模拟金融存取的方式,将学生的良好行为习惯和道德品质进行量化积分,鼓励学生努力学习、关心他人、奉献爱心,通过参与银行活动,汲取正能量,管理自己的行为,增强对学校的归属感和认同感。

（1）核心机制

积分兑换获得"彩虹币"存入彩虹银行,参与各类活动时取出,兑换奖励。

（2）主要参与者

普通学生：通过日常行为表现、学习进步、参与活动等方式获得"彩虹币"存入彩虹银行,并根据自己的选择兑换实物奖品、体验券等。

彩虹银行小干事：负责彩虹银行的日常运营,包括整理彩虹币、存单记录、发放奖励金、回收体验券等。

（3）相关活动

① 彩虹小超市

每月定期开放,学生可用彩虹币兑换学习用品、文创产品等。

② 彩虹小推车

每周五中午推车在各年级楼面进行移动销售,方便兑换奖品。

③ 彩虹奖励金

为获奖个人和班级提供彩虹币奖励金,鼓励学生积极进取。

④ 彩虹体验券

用彩虹币兑换热门活动,如与教师共进午餐、暖心下午茶,观看校园展览,参加伙伴日等体验活动。

⑤ 银行小干事职业体验

招募学生参与银行的运营,体验行长、柜员、超市收银员等职业角色。

（4）能量价值

① 激励自我管理：通过积分,学生清晰看到自己的优势与不足,能够有针对性地改进自己的行为习惯,在正向激励中追求进步。

② 培养理财意识：学生在兑换、存取的过程中了解货币的价值和交换方

式，有了初步的财商意识。

③ 丰富校园生活：彩虹币兑换多样化的体验活动，丰富了校园的文化生活。

3. 星空间展馆培养"小创意师"

创造力发展的关键期在童年，如马斯洛所说："几乎所有的儿童，在受鼓舞的时候，在没有规划和预先意图的情形下，都会创作一支歌、一首诗、一个舞蹈、一幅画、一种游戏或比赛。"当儿童的创作能够有一个专门的平台，让他们有机会展示自己的作品时，不仅会感受到被认可、被重视，更能激发他们的创作热情。

（1）校园展馆的形态

① 多功能。这间儿童展馆位于学校操场边锐志楼的二楼，140平方米，温暖的光影下，有作品展示区，包括投影装置、可抽拉移动组合的墙面置物架、透明展柜、悬垂作品的滑动索道；有现场表演区，一个小小可旋转的舞台；有工坊体验区，可沉浸式体验纸艺绘画书法劳技创作。孩子们为这里取名"星空间"。

② 多形式。从2021年建成至今，这里已经为60多名学生举办了私人定制展，当一名学生的个人作品达到一定数量，就可以申请举办一场个人作品展，从策展到布展，可以邀请老师和最好的伙伴参与。展览海报发布之后，同学们可以凭彩虹币兑换观展券，"主办者"还可聘请同伴做小小讲解员，介绍每件作品的内涵、创作过程。当然，还可组团参展，当一群志同道合的伙伴围绕一个主题展开创作、共同布展时，他们的合作精神、创新意识会充分激发。

每个希望在星空间中心旋转小舞台上进行现场表演的孩子也可自行报名，芭蕾、国标、爵士、街舞……小舞台上的舞者们尽显风采！弹唱、清唱、小组唱，表演时可组团可solo，台上的自信绽放，源于台下的坚持不懈，更源自内心执着的热爱。

每个学期，围绕"文化瑰宝乐传承"的当季主题还会有一场学生作品大赏，能够入选可是所有创作者心心念念的追求。

（2）校园展馆的魔力

这间展馆的神奇之处在于，能展现出每个普通学生的"不凡"。

"送一场诗展给春天"的展览中，每个学生都化身诗人，在"时光诗社"主持人欧雯老师的指导下，学生脑洞大开，近百首童趣可爱的儿童诗送给了美好的春天。在学生的眼中，春天可以是导演，可以是记者，可以是警察，可以是魔法师，可以是收纳师，可以是闻香师，甚至可以是个好心的强盗……春天在有创造力的学生面前，考取了一大堆"执业资格证"，让人拍案叫绝。

**春天是个导演**

丁思茏

春天是个导演

她将冰雪的戏份全部删掉

光秃秃的花草也不得入镜

又安排碧绿的杨柳

盛开的桃花

流动的泉水

和暖的微风

……

担任主演

戏越拍越长

呀！视频超载了！

电脑过热

——是夏天来了

**春天是个好心的强盗**

魏项天

春天是个好心的强盗

她把孩子们心爱的晶莹雪花抢走了

> 冬天看到了很生气
> 他质问春天：
> 那你送孩子们什么？
> 春天微微一笑
> 把家里储存的春风
> 放了出来

诗展美名远播，不仅全校师生前去观展，家长、社区、媒体朋友都来观展，国际融合教育专家到访学校后对诗展赞不绝口，将拍下的现场照片在海外展示。

"星星的孩子"在这里写下了"果蔬诗"《橙子》：我像一个小太阳，我会放光芒；ADHD的孩子在这里留下了一件精美的布艺云肩；情绪行为需要支持的孩子弹奏的琴声如淙淙溪水般在展馆流淌；需要阅读支持的学生在这里布置了一个展柜的科创作品……

2025年，每个年级学习了一个地方戏曲剧种后，推出了《唱一首新韵给童年》艺术作品展，10个展区、316名学生的382件作品展出。每一件都是学生在美术课堂上的亲手创作，多元材料的运用、色彩造型的拼搭、表现形式的创新，展现出孩子们头脑中的"梨园新韵"，诉说着他们对中华传统戏曲文化的理解与欣赏，表达着他们对中华美育精神的传承。

（3）能量价值

① 增强成就感：学生的作品面向同伴、教师、家长开放，在大家欣赏的眼光中，学生感受到自己被重视，激发起自信与更大的创作热情。

② 激发创造力：在展馆中，学生可以看到同龄人的作品，从中汲取灵感和创意。这种交流可以开阔视野，激发他们的创造力，让他们敢于尝试新的艺术形式和表现手法。

③ 获得成长动力：市西小学"文化瑰宝乐传承"活动课程在学校开展了四季，选取了四个经典的文化符号：节气、唐诗、中草药、地方戏曲，每个主题以不同的学习方式设计了一整年的校园文化活动，鼓励学生以艺术创作的形式进行表达，再通过一场主题作品大赏，让学生体验传统文化和自然科学之

美，感受生命能量之源，进一步播下了文化自信、文化认同的种子。以传统文化浸润心灵，树德养正，能够给予学生长久的成长动力。

4.儿童图书馆滋养"童年力量"

（1）小学校里的三个图书馆

在这所占地面积不足7亩的小学里有三个儿童图书馆。一年级教室外设计了一条"叮咚绘本廊"，有3500多册绘本供孩子任意选择。一年级学生常常会抱着大大的绘本坐在透明的沿街橱窗的窗台上静静阅读，成为一道风景；彩虹阅读坊是面向低年级的借阅场馆，童趣化的设计让学生可以选择自己喜欢的角落阅读，或是随意躺在懒人沙发里，或是躲在小帐篷里，或是坐在洒满阳光的庭院里阅读；泉源悦立方是高年级的阅读场馆，每个月有一节整本书阅读课也是在这里开展，剧场台阶式的区域可以举办阅读沙龙，小圆桌区域可与密友共读，墨绿长条桌区域则是整班阅读的空间。

三个图书馆近50000册藏书每周都向学生开放，每个学生每周可以借阅5本，完成阅读之后，图书馆会统计出来，孩子的照片会出现在"攀登书墙"相应的位置，100本以上的"顶峰区"是学生最向往的。每个图书馆都有大大小小的相框，里面是学生在图书馆阅读时被教师抓拍的照片，一张张全神贯注的脸庞诠释了"最美读书人"的模样。周末的亲子读书会，又让图书馆成为一个个书香家庭的幸福港湾。

（2）有趣有爱的读书节

每年，图书馆和彩虹桥项目组联手组织开展扎实朴素的读书节活动，至今已经成功举办了四届主题读书节活动。活动化的阅读将读书的乐趣立体、可感地展示在学生面前，使学生能够充分体会阅读之趣，同时，也使校园充满热情灵动、生生不息的阅读氛围。

2024年的读书节是在4月22日——世界读书日的前一天开幕，以"童年有书·Book思议"为主题。

市西小学的校园读书节，向来是以儿童为主导。学生是主人，教师们来搭台。

第一个子活动——阅读"剧"精彩，学生将自己在全科阅读课上的收获拍成短剧展示出来；

第二个子活动——诗意"展"时光,四年级学生自主策展的"送一场诗展给春天"主题诗展精彩亮相;

第三个活动——"书王国奇遇记"创意写作大赛,请学生来当大作家,续写"书王国"的故事,充分展示自己的文采和创意;

第四个活动——"我与书影像会",请学生发挥自己的创意,拍摄和书在一起的照片,增加与书的亲近感,表达对书的喜爱。收到的照片充满创意,超出预期的精彩,能看到学生对阅读的珍视。

最后一个活动是所有学生特别期待,也一直在积极争取能参与的"图书馆奇妙夜"。学生铆足了劲儿,从多种渠道来争取入场券。在前期子活动中有优异表现的学生率先获得入场券,依据数据,图书馆借阅量大的学生,以及学生每月推选的"阅读之星"也能获得入场券。但即便如此,仍旧有许多学生渴求一券。因此,项目组设计了"自由申请通道",让学生自由表达自己的入场诉求。有融合教育思想的教师们充分考虑到学生个体的不同特点,让学生以不同形式进行自主创造。学生的创作可谓百花齐放,有的写了诗,有的画了画,还有的竟然设计了二维码,扫一扫,出现的是对这届读书节主题歌的改编,创意十足。

5月31日的傍晚,六一节前夜,拿到入场券的学生等在校门口,等待奇妙夜晚的开启。在一声"芝麻开门啦"的召唤下,学生高举邀请函跑进校园,听到的是迪士尼沉浸式的音乐,看到的是精心打造的梦幻空间。学生领取魔法手环、炫酷头箍,与教师们装扮的孙悟空、小王子、小红帽、诸葛亮、白雪公主等中外经典作品主人公偶遇,之后开始组队,解锁任务卡,到图书馆寻宝,到星空下的帐篷里作诗……

这些活动的设计,充分激发了学生参与学校阅读活动的热情,极大地激发了学生的阅读兴趣,拉近了学生与书籍的距离,真正使阅读成为学生的期待与热爱。

(3)能量价值

① 形成阅读习惯:校园中的三个儿童图书馆伴随学生五年的成长,丰富的图书资源和阅读活动让每个学生感受到书香校园的魅力,也形成良好的阅读习惯。2024年,静安区中小学图书馆数据平台显示:市西小学学生的个人平均

借阅量居全区榜首。

②丰富课余生活：在童趣化的阅读场馆里学生静静徜徉在书海中获取知识、拓宽眼界；在富有奇思妙想的读书节活动中展现才华，体验合作，让课余生活充满幸福的味道。

③促进亲子关系：图书馆的亲子共读活动作为一个平台，让家长和孩子在共同阅读的过程中增进了彼此的情感联结，共同分享阅读的乐趣，感受书中的智慧，这种共同体验能够加深家长对儿童内心世界的理解，从而更加关注和支持孩子的成长。

附

## "图书馆奇妙夜"之大小朋友感言

我查了一下"奇妙"的意思，字典上说：一是稀奇，二是奇特精彩。我感觉这个奇妙夜的活动真的非常符合这两个词。这是一次非常珍贵的机会，我十分珍惜，也为赢得入场券而感到十分自豪，而后来的体验更加让我深入感受到了精心策划的这种引人入胜的奇妙。爸爸妈妈告诉我他们小时候读书看书从来没有这么有趣，也从来没有这么被精心设计过。我感觉老师们十分用心地想让我们爱上阅读，并用十分聪明的办法让我们对知识的吸收变得更加高效，这很符合我们这个年纪对知识的接受方式，谢谢老师们。希望以后还能有机会参加奇妙夜活动，我会更加努力的。

——一（4）班　金圣哲

我好想告诉月亮，嗨！你错过了一个奇妙的夜晚！

闪着灯的帐篷里，白雪公主、小红帽、小王子、诸葛亮、哆啦A梦、孙悟空，还有武松，他们都来啦！

我们一起在图书馆探秘，在帐篷里写诗，在操场上唱歌。

月亮，月亮，你羡慕吗？我舍不得走。

我带着白雪公主给我的红苹果做了个甜甜的梦，在梦里我要继续这场图书馆奇妙夜！

——三（3）班　赵玥涵

心心念念的"奇妙夜",我终于来啦!那一刻,我感觉到之前所有的努力都值得!

今夜,书本中的人物来到了我身边,我们一起分享了故事,发挥了集体的智慧,默契地配合闯过了一关又一关。

伴随着初夏的微风,我们享受着奇妙的阅读探宝之旅,这段快乐又难忘的时光是亲爱的老师们精心送出的六一礼物,我会珍藏在心底!

——三(4)班 尤竣禾

真的太开心啦,能参加市西小学第一届图书馆奇妙夜活动!老师们成了书里的主人公,各显神通。团队合作拼图、寻找书籍、写诗读诗,让我深深感到阅读和创作的快乐。与不同年级的同学们一起分享、欣赏彼此的作品,我也交到了新朋友。还有,美味的冰激凌更增添了甜蜜!

——二(2)班 隗以道

这次奇妙夜活动真是太棒了!在这样一个平凡而又不平凡的夜晚,学校用一种别样的方式带着孩子感受阅读的魔力。孩子在回家的路上兴高采烈,叽叽喳喳说个不停。感谢老师们的精心组织,给孩子童年留下如此美好的回忆。期待未来还能更多参与这样富有创意的活动!

——三(1)班 孙霖琦妈妈

图书馆奇妙夜真是一场是别出心裁的活动!可爱的老师们在这个特别的夜晚化身卡通精灵,在精心布置的校园里陪伴孩子们探秘与创作。作为家长,我们在惊叹此次活动精彩纷呈的同时,更为老师们夜以继日的辛勤付出而感动。彩虹校园在这个创意满满的奇妙夜里有诗更有爱!相信如此精彩的奇妙夜必将成为儿童节里最宝贵的礼物和日后最珍贵的回忆!

——四(1)班 吴嘉瑜妈妈

### (三)由儿童反馈的融合学校育人成效

2022年,学校四年级学生参加了上海市中小学生学业质量绿色指标综合评价。学校收到的综合报告中不仅有学生各学科的学业表现,还有学生背景问卷调查结果分析。这其中有学业压力、学习动机、学习自信心、师生关系、同伴关系、学校归属感、教师教学方式、学校作业管理、品德与社会化行为、心理健康等相关问题的调查结果。令人欣喜的是，学校的这些指标全部达到了最高级9级。包括学生睡眠，在全市平均7级的情况下，学校依然达到了9级（即90%以上参与调研学生的平均每日睡眠达到10小时）。

（一）对国家的认同感

儿童时期是形成国家观念的关键时期。学校通过爱国主义教育、中国传统文化教育、社会实践等方式，让孩子在成长过程中逐步形成爱国情怀和国家认同。节气歌谣童声传、唐诗地图天下行、本草世界研学乐、好戏连台韵味长……这一系列的主题综合实践活动，让每一名市西学子实实在在建立起民族自信。

在2022年的市中小学生学业质量绿色指标综合评价中，考查四年级学生对国家认同相关问题的看法（A. 非常同意；B. 比较同意；C. 比较不同意；D. 非常不同意），一共五道题：

① 以是中国人而骄傲；
② 认为中国越来越强大；
③ 热爱祖国；
④ 喜欢春节、端午、中秋等中国传统节日；
⑤ 喜欢中国的诗词、书法、武术、剪纸等传统文化。

我校参加调研的学生100%选择了"非常同意"，表现出了强烈的国家认同感。

（二）对学校的归属感

儿童对学校的归属感是儿童在学校环境中感到被接纳、被重视、被包容的感觉，是儿童将自己视为学校或班级重要一员的情感体验。对学校的归属感对儿童的心理发展、学业成绩、社交技能以及未来的职业发展等方面都具有重要的影响。拥有强烈归属感的儿童通常会表现出更高的自尊、自信和学习动力，能够更好地适应学校生活，形成积极的同伴关系，并促进个人全面发展。

在2022年的绿色指标综合评价中，问卷要求学生选择对学校归属感相关问题的看法（A. 非常同意；B. 比较同意；C. 比较不同意；D. 非常不同意）。其中有这样四个主要问题：① 喜欢学校老师；② 为自己学校感到自豪；③ 喜欢自己的学校；④ 喜欢参加学校组织的活动。结果显示，我校参与调研的学生100%选择"非常同意"。可见，学生们在学校生活中获得了积极的体验，有着强烈的学校归属感。

### （三）对师生关系的评价

融合学校倡导的师生关系是包容、平等、尊重、合作和共同成长的关系。这样的师生关系不仅仅关乎儿童在学校的学业表现，更重要的是对其性格形成、价值观塑造以及未来的社会适应能力等方面都有着重要而深远的影响。

学校每学期都会请全校学生人人投票，选出"学生心目中的好老师"，周期性发布"学生喜欢的好老师特质排行榜"，引导教师重视良好师生关系的建立与维护。

在这次绿色指标调研中，学生对五门学科教师（语文、数学、科学、美术、音乐）的师生关系进行了选择性评价（A. 非常同意；B. 比较同意；C. 比较不同意；D. 非常不同意）。其中有这样五个主要问题：① 老师关心每一个学生；② 老师公平、平等地对待学生；③ 老师和学生很友好；④ 老师鼓励、帮助学生；⑤ 老师和学生是朋友。结果显示，我校参与调研的学生100%选择"非常同意"。

问卷中还有一道题目是"伤心难过时，你会求助的对象是谁"，除了选择父母之外，91.5%学生第二选择是导师和班主任，这一比例远远高于市平均比例。

可见，在学生心目中，除了父母之外，最为信任的人是学校的老师。老师给予的情感支持，让学生在无助的时候愿意主动向老师寻求帮助。这样的师生关系势必促进学生在学习、生活中更加积极主动。

（四）对同伴关系的评价

与同伴互动，儿童能够实践并学习合作、分享、沟通和解决冲突等基本的社交行为。健康的同伴关系为儿童提供了情感交流的渠道，使他们能够体验到被理解、鼓励和安慰的感觉，这对于他们的情感成长和社会适应具有重要意义。正面的同伴关系也有助于儿童形成积极的自我认知，建立自我认同感。因此，学校为儿童创造积极健康的同伴交往环境非常重要。

在2022年问卷中，也有关于对同伴关系的评价，参与调研的学生中98.6%表示非常愿意"帮助有困难的同学"，其余选择"比较同意"；100%的学生表示"和同学在一起时很开心"；100%的学生表示"和同学关系非常好"。

静安区人民政府教育督导室会同区教育局小教科等相关部门于2023年3月，对学校进行了综合督导评估。同时邀请了静安寺街道百乐居民区代表及家长代表参加了本次督导评估。

报告中指出，学校的办学绩效获得了学生、家长的高度认可。家长问卷中，对"整体办学水平""校风、学风认可""课后服务质量"等指标的满意度均为100%。据学生问卷结果显示，各项满意度均超过97%，其中"学校听取学生意见建议""快乐活动日""劳动教育和近视防控"等6项满意度为100%。

报告中特别提出，在融合教育方面，学校把差异视作资源，从"关注特殊孩子"到"关注特殊需求的孩子"，从活动设计、环境创设、教师融合素养提升三个维度，扎实开展融合教育。围绕关键核心，全方位、多形式开展各类主题教育活动，提高了多主体参与的积极性和参与的质量。据教工和家长问卷结果显示，学校在"培养什么人、怎样培养人、为谁培养人"上的坚守和努力得到认可。

市西小学的老师们都坚信，融合教育不仅是一种理念，更是一种实践路径，它将持续引领教育变革，从"这一个"到"每一个"，为每一个学生的成长赋予更多可能，让每一个孩子找到属于自己的成长节拍，绽放自己的独特光芒！

　　教育的未来，不在整齐划一的起跑线上，而在参差多态的共生图景之中。当一所所普通学校以包容尊重的教育理念为舟，以多元创新的教育实践为帆，融合教育的航船终将驶向更辽阔的海域——那里没有"标准"与"特殊"的旋涡，只有万千星辰，各自璀璨，而每一盏微光的点亮，都是对文明最好的致敬！

# 参考文献

[1] 邓猛,关文军,孙颖.融合教育本土化实践与发展[M].北京:北京大学出版社,2021.

[2] 李拉.融合教育学[M].南京:南京大学出版社,2022.

[3] 昝飞.融合教育:理想与实践[M].上海:华东师范大学出版社,2016.

[4] 彭霞光,杨希洁,冯雅静,等.融合教育学校教学与管理[M].北京:华夏出版社,2023.

[5] 托比·卡腾,等.融合教学实践[M].杨希洁,译.上海:华东师范大学出版社,2016.

[6] 怀特海.教育的目的[M].严中慧,译.上海:华东师范大学出版社,2020.

[7] 李希贵,等.学校转型:北京十一学校创新育人模式的探索[M].北京:教育科学出版社,2014.

[8] 李希贵,等.面向个体的教育[M].北京:教育科学出版社,2014.

[9] 王雁,等.中国教师融合教育素养及培养研究[M].北京:教育科学出版社,2023.

[10] 吴淑美.融合教育理论与实践[M].北京:华夏出版社,2018.

[11] 彼得·圣吉.第五项修炼——学习型组织的艺术与实务[M].上海:上海三联书店,1998.

[12] 孙忠.新时代背景下融合教育高质量发展的区域设计与实践——以上海市静安区为例[J].现代特殊教育,2021(492):10-12.

[13] 李拉."全纳教育"与"融合教育"关系辨析[J].上海教育科研,2011(05):14-17.

[14] 屈腾龙.儿童友好是一场怎样的系统变革[J].新校长,2023(04):1.

[15] 李拉.当代融合教育改革的基本价值观——融合教育理论研究专题（二）[J].现代特殊教育，2021(17)：10-15.

[16] 潘晨聪，薛婷彦.市西小学：架一座"彩虹"连接你我[J].上海教育，2024(04)：30-31.

[17] 杜林，雷江华.芬兰特殊教育的发展及启示[J].现代特殊教育，2013(01)：60-61.

[18] 丁勇.江苏推进融合教育的实践、经验及其启示[J].现代特殊教育，2020(02)：3-9.

[19] 彭程，丁庆富，季月芹.资源教室：随读生学习与发展的重要资源[J].现代特殊教育，2004(11)：10-11.

[20] 高轩，宋佩涵.项目化学习：点燃小学综合实践活动的创新之火[J].上海教育，2024(Z1)：116-117.

[21] 王娟.基于专业标准的校长领导力评价框架[J].教育发展研究，2016(36)：64-70.

[22] 竺建伟.以资源教室开展融合教育的实践研究[J].上海教育科研，2022(06)：48-52.

[23] 李思玲，黄韵芝，向琼."学习力"嬗变及其内涵实质[J].大学，2023(17)：139-142.

[24] 王荣.正能·聚能·赋能，激活"校家社"能量磁场[J].中小学班主任，2024(23)：55-57.

[25] 王攀峰，张天宝.试论创造性学习[J].当代教育论坛，2004(02)：77-79.

[26] 高轩，欧雯.依托"四化"，构建阅读生态圈[J].教育，2023(14)：25-27.

[27] 吴也显，刁培萼.课堂文化重建的研究重心：学习力生成的探索[J].课程·教材·教法，2005(1)：19-24.

[28] 杨玉东.教师学习：教育现代化视域下的教师教育观[J].教师教育研究，2022(3)：37-44.

[29] 樊香兰，孟旭.教师个体学习力[J].中国教育学刊，2011(5)：65-68.

[30] 颜维琦，曹维军.上海静安：以融合教育关注每一个"特殊孩子"[N].光明日报，2021-01-05(03).

图书在版编目（CIP）数据

从"这一个"到"每一个"：一所普通小学创造性实施融合教育的探索与实践 / 高轩著. -- 上海：文汇出版社，2025.5. -- ISBN 978-7-5496-4477-3

Ⅰ.G622.0

中国国家版本馆CIP数据核字第202578PS77号

# 从"这一个"到"每一个"
## ——一所普通小学创造性实施融合教育的探索与实践

作　　者 / 高　轩
责任编辑 / 张　涛
封面装帧 / 梁业礼

出　版　人 / 周伯军
出版发行 / 文匯出版社
　　　　　　上海市威海路755号　（邮政编码：200041）
经　　销 / 全国新华书店
排　　版 / 南京展望文化发展有限公司
印刷装订 / 启东市人民印刷有限公司

版　　次 / 2025年5月第1版
印　　次 / 2025年5月第1次印刷
开　　本 / 720 mm × 1000 mm　1/16
字　　数 / 220千字
印　　张 / 14.5

ISBN 978-7-5496-4477-3
定　　价 / 68.00元

·版权所有　侵权必究·